Histoire du Japon
et des Japonais
1. Des origines à 1945

Ouvrages de
Edwin O. Reischauer

Japan, Past and Present
1946 et 1963

The United States and Japan
1950 et 1965

Translations from Early Japanese Literature
en collaboration avec Yamagiwa, 1951

Ennin's Diary : The Record of a Pilgrimage
to China in Search of the Law
1955

Ennin's Travels in T'ang China
1955

Wanted : An Asian Policy
1955

East Asia : The Great Tradition
en collaboration avec Fairbank, 1960

East Asia : The Modern Transformation
en collaboration avec Fairbank et Craig, 1965

Beyond Vietnam : The United States and Asia
1967

East Asia : Tradition and Transformation
en collaboration avec Fairbank et Craig, 1973

Histoire du Japon et des Japonais
t. 2 : De 1945 à nos jours
1973

Japan and the World
Asahi Press, 1979

The Japanese today :
change and continuity
Harvard University Press, 1988

Edwin O. Reischauer

Histoire du Japon et des Japonais

1. Des origines à 1945

TRADUIT DE L'AMÉRICAIN ET ANNOTÉ
PAR RICHARD DUBREUIL

TROISIÈME ÉDITION
REVUE ET CORRIGÉE

Éditions du Seuil

La première édition américaine du présent ouvrage,
paru sous le titre *Japan, Past and Present*, date de 1946.
L'auteur l'a révisée à diverses reprises
et complétée jusqu'en 1970.

A mon frère Bob,
première victime américaine
de la Seconde Guerre mondiale,
tombé à Changhaï
le 14 août 1937.

Titre original : *Japan, The Story of a Nation*
(1ʳᵉ édition : *Japan, Past and Present*, 1946, 1952, 1964)
Éditeur original : Alfred A. Knopf, Inc., New York
© 1970, Edwin O. Reischauer

ISBN 2-02-000675-8, tome 1
ISBN 2-02-031888-1, éd. complète

© 1973, 1988, mars 1997, Éditions du Seuil
pour la traduction française
et mars 1997, pour l'Avertissement

Sommaire

Tome 1 Des origines à 1945

Tome 2 De 1945 à nos jours

NOTE DU TRADUCTEUR

La transcription en alphabet latin des idéogrammes chinois et des caractères du syllabaire japonais n'est pas entièrement uniformisée. Conformément à un usage qui tend à s'établir dans les publications universitaires françaises, les mots japonais figurant dans le présent ouvrage ont été orthographiés selon le système Hepburn *simplifié. Pour la lecture, on se souviendra des deux règles suivantes :*

Les voyelles se prononcent comme en italien :

e : *est prononcé* é [e]   *sauf en début de syllabe où il se prononce presque* ye.

u : *est prononcé* ou [u], *sauf après* s, *devant* m *ou à la fin des mots où il s'élide et correspond à notre* e muet.

Les consonnes se prononcent comme en anglais :

sh : *est prononcé* ch [ʃ] *comme dans* chat   *ex :* shogun
ch : *est prononcé* tch [tʃ] *comme dans* tchèque *ex :* chōnin
g : *est toujours dur* [g] *comme dans* gare   *ex :* geisha
h : *est aspiré*   [h] *comme dans* houx   *ex :* haiku
j : *est prononcé* dj [dʒ] *comme dans* djinn   *ex :* Jimmu
r : *est intermédiaire entre les sons* l *et* r   *ex :* ronin

Comme les Français sont en général moins sensibilisés aux problèmes japonais que ne le sont les Américains, le traducteur a cru utile d'ajouter au texte du professeur Reischauer des schémas, des tableaux récapitulatifs, une chronologie, un lexique et une bibliographie en langue française. D'autre part, les intertitres ne figurent pas dans l'édition américaine et sont également dus au traducteur.

Les mots suivis d'un astérisque renvoient au lexique placé à la fin du second volume.

Avertissement

Edwin O. Reischauer (1910-1990) est né à Tôkyô. Son père, Auguste Karl Reischauer (1879-1971), originaire de l'Illinois, a publié en 1917 une Étude sur le bouddhisme japonais. *Il était missionnaire enseignant presbytérien à Tôkyô où il avait fondé en 1918 une université pour jeunes filles chrétiennes (Tôkyô Joshi Daigaku). Sa fille Felicia, sourde de naissance, lui inspira de multiples initiatives au service des handicapés. Avec sa femme, il fonda en 1920 la première institution japonaise pour les sourds-muets. Il quitta le Japon en 1941 et perdit dans les bombardements aériens de Shanghai son fils aîné Robert, lui-même historien du Japon médiéval.*

*Edwin O. Reischauer, second fils d'Auguste Karl, fit ses études secondaires à l'*American School *de Tôkyô et des études universitaires à* Oberlin College. *Il étudie l'histoire japonaise et chinoise à Harvard, Tôkyô, Kyôto et Pékin. Sa thèse de doctorat, soutenue en 1938, porte sur Ennin, un moine bouddhiste japonais du IXᵉ siècle. Devenu professeur à Harvard, il fonde avec le sinologue Fairbank un département d'Études asiatiques. De 1941 à 1946, il est chargé de mission au ministère de la guerre et au Département d'État. Avec l'anthropologue Ruth Benedict (auteur de* Chrysanthème et Sabre*), il initie les cadres de l'armée d'occupation américaine à la culture et à la mentalité japonaises.*

Edwin O. Reischauer est un des principaux artisans du rapprochement américano-japonais d'après-guerre. Il mène *une double carrière d'universitaire et de diplomate, enseignant à Harvard la langue et la civilisation japonaises. Veufs d'Elinor Adrienne Danton, il se remarie en 1956 avec Matsukata Haru, petite-fille de Matsukata Masayoshi, le célèbre ministre des Finances de l'Ère Meïji dont la réforme fiscale prépara le grand essor industriel de la fin du XIXe siècle. De 1961 à 1966, Reischauer est ambassadeur de Kennedy, puis de L. Johnson au Japon, en pleine euphorie économique. Premier ambassadeur américain à s'exprimer dans la langue du pays, il s'attache à restaurer le « dialogue interrompu » entre Tôkyô et Washington après les remous suscités dans les milieux pacifistes et étudiants japonais par la reconduction en 1960 du traité bilatéral de sécurité. Il prépare la restitution au Japon d'Okinawa.*

De 1966 à 1981, il poursuit ses enseignements à Harvard et ses publications sur la vie japonaise. Il s'est éteint en 1990 à San Diego.

RICHARD DUBREUIL, 1997

Préface

Le présent ouvrage se substitue à mon livre intitulé *Japon d'hier et d'aujourd'hui* (Japan, Past and Present) paru en 1946, réédité et mis à jour en 1953 et de nouveau en 1964. Lors de ces deux rééditions, je m'étais borné à ajouter quelques développements supplémentaires sur le Japon d'après-guerre sans modifier substantiellement le récit des événements antérieurs à la capitulation de 1945. Le moment semblait venu de procéder à une refonte complète de l'ouvrage. La partie consacrée au Japon d'avant-guerre avait été rédigée hâtivement au cours des deux mois qui suivirent la fin de la guerre. Depuis cette date, l'image du Japon et des Japonais s'est largement modifiée. Il devenait impératif de reconsidérer toute l'histoire de ce pays à la lumière de ces perspectives nouvelles; la problématique adoptée, le découpage des périodes, le choix des événements retenus, la formulation même devaient être entièrement revus. Depuis la dernière édition j'ai d'ailleurs beaucoup appris sur la période de l'avant-guerre et, grâce à la mise à jour de mes connaissances, largement renouvelé mon corps d'hypothèses. D'autre part, le fait de disposer désormais d'une vision globale des années d'après-guerre appelait une refonte complète des derniers chapitres.

L'ouvrage que nous présentons aujourd'hui est donc si différent de ceux qui l'ont précédé que nous avons préféré lui donner un titre nouveau. Le premier tiers du livre, qui va des origines protohistoriques aux premières années du XIXe siècle, ne comporte que quelques modifications mineures par rapport aux éditions antérieures. En revanche, le deuxième tiers de l'ouvrage, qui embrasse la période allant de la transformation du Japon au milieu du XIXe siècle jusqu'à la Seconde Guerre mondiale, a été intégralement réécrit. Enfin, la dernière partie qui couvre les vingt-cinq années d'après-guerre, est presque entièrement inédite.

En dépit de toutes ces retouches, j'espère avoir préservé l'esprit et le style du manuscrit original. Mon intention en 1945 était d'écrire une histoire du Japon à la fois dense et synthétique. Je voulais faire un livre qui alliât la rigueur scientifique et la simplicité du langage. Je résolus délibérément d'employer un style sobre, de ne citer que le minimum de noms propres afin de ne pas dérouter le lecteur et d'éliminer systématiquement tous les faits accessoires. Dans la préface des deux éditions de 1953 et de 1964, j'expliquais ainsi l'objectif que je m'étais fixé : « Au cours des quatre années passées à Washington pendant la guerre et l'immédiat après-guerre, j'ai eu le temps d'oublier bien des détails que j'avais appris sur l'histoire japonaise. A ma grande surprise, je m'aperçus que les lignes de force de cette histoire, décantées de tous les éléments accessoires, m'apparaissaient alors avec une netteté jamais atteinte. A deux ou trois reprises pendant mon séjour à Washington, on me demanda de couvrir en quelques conférences de quatre ou cinq heures chacune l'ensemble de l'histoire japonaise. Disposer de si peu de temps semblait un défi déraisonnable à quiconque est habitué au rythme plus paisible de l'enseignement universitaire; mais une fois encore je constatai avec étonnement qu'on pouvait présenter en quelques heures une fresque suggestive et intéressante d'une histoire pourtant complexe, à condition de se limiter à l'essentiel et de s'en tenir strictement aux interprétations d'ensemble et aux grands principes d'explication. Cette expérience m'incita à publier une histoire du Japon s'inspirant des mêmes conceptions. »

Le regretté George Sansom, éminent diplomate britannique devenu historien, avait bien voulu préfacer l'édition originale de mon *Japon d'hier et d'aujourd'hui*; avec bienveillance, il assurait que j'avais atteint l'objectif que je m'étais proposé en rédigeant ce livre. Il serait peu honnête de ma part de réutiliser ici la préface qu'il avait écrite pour un ouvrage très différent de celui que nous présentons aujourd'hui. Cependant le profond respect que je lui porte et la fierté d'avoir mérité ses propos élogieux, me persuadent que je ne faillirai point aux règles de la correction en reproduisant ici le liminaire qu'il avait bien voulu composer en 1946.

« Peu de pays ont été plus étudiés que le Japon, peu aussi ont été plus mal compris. Au siècle dernier, de nombreux ouvrages se sont attachés à décrire les aspects exotiques et pittoresques de ce pays; sans être entièrement exempts d'erreurs, ils constituaient généralement des guides estimables pour préparer un voyage. A la même époque, ont été éditées quelques études importantes sur l'histoire politique et sociale du Japon, qui font encore figure de classiques bien qu'elles ne soient plus utilisées que par quelques spécialistes. Mais on notera — et je pense qu'aucun professeur de l'enseignement secondaire ou universitaire ne me démentira sur ce point — qu'avant le déclenchement de la guerre d'Extrême-Orient, nous ne disposions d'aucun livre qui donnât une image ramassée mais pourtant complète et objective de l'histoire japonaise des origines à nos jours. Les ouvrages spécialisés destinés aux érudits étaient légion, mais rien ne permettait au lecteur moyen ou à l'honnête homme de satisfaire ses besoins d'information en ce domaine.

« Après le déclenchement de la guerre, on vit apparaître une profusion d'ouvrages sur le Japon; d'intérêt essentiellement circonstanciel, ils traitaient souvent de questions d'actualité. Certains étaient d'une valeur scientifique incontestable et pouvaient rendre de grands services. Mais la plupart relevaient malheureusement d'une catégorie d'ouvrages historiques de plus en plus florissante, dont l'objet est moins de rechercher patiemment la vérité que de se mettre au service de ces manifestations pathologiques de l'intelligence systématique que l'on désigne par le terme disgracieux mais évocateur, d'idéologies. Une fois la guerre terminée, le lecteur de bonne volonté pouvait espérer disposer d'un instrument de travail qui soit enfin rigoureux, accessible et objectif.

« Le livre du professeur Reischauer me paraît répondre à cette triple exigence. Il était difficile de trouver un auteur mieux qualifié pour un tel travail : ayant fréquenté assidûment le pays qu'il nous décrit, il peut en outre se prévaloir d'une connaissance remarquable de la langue japonaise, d'une solide formation d'historien et surtout d'un jugement qui ne sacrifie ni aux idées préconçues ni aux sympathies aveugles. Il sait dégager les lignes de faîte de l'histoire japonaise depuis les origines protohistoriques et replacer chacune de ses étapes sous un juste éclairage. Sur l'évolution du Japon moderne jusqu'aux années les plus récentes, il apporte dans les derniers chapitres des explications particulièrement pertinentes et convaincantes. J'avoue, en toute objectivité, ne connaître aucune histoire du Japon qui soit plus riche de substance sous une forme aussi condensée et accessible. »　　G. B. SANSOM

Dans les trois éditions successives du *Japon d'hier et d'aujourd'hui,* je consacrais une partie de l'avant-propos à confesser ma dette envers tous ceux qui m'avaient aidé dans mon travail. Le texte du présent volume a subi des remaniements si profonds, qu'il n'est plus possible de reproduire leurs noms. Procéder ainsi équivaudrait à laisser croire au lecteur qu'ils ont lu et approuvé le nouveau texte. Je tiens cependant à exprimer ma gratitude à mes deux collègues de l'université de Harvard, les professeurs Donald H. Shively et Albert M. Craig, qui ont eu la gentillesse lors de la relecture du manuscrit de me signaler certaines erreurs et de me faire part de leurs nombreuses suggestions. Je voudrais également profiter de l'occasion qui m'est offerte pour exprimer une fois de plus ma reconnaissance à deux hommes qui ont été mes maîtres en histoire japonaise. Le premier est Sir George Sansom auquel nous devons, sur le Japon ancien, de pénétrants ouvrages écrits dans un style remarquable, dont se sont inspirés tous les japonisants. Le second est un éminent universitaire français d'origine russe, Serge Elisseeff. Ma dette est grande à son égard, car il a su avec beaucoup de patience m'initier à l'histoire japonaise et guider mes études de ses conseils avisés. Je fais ici écho à tous mes collègues orientalistes en rappelant l'impulsion sans précédent qu'il a donnée au développement des études japonaises aux Etats-Unis à la fois par les vocations suscitées par son enseignement à l'université de Harvard de 1932 à 1957 et par sa présence à la direction du Harvard Yenching Institute entre 1934 et 1956. Nul n'a sans doute davantage contribué que le professeur Elisseeff au dynamisme actuel de la japonologie américaine.

EDWIN O. REISCHAUER, 1970

Belmont, Massachusetts

1

Le pays et les hommes

Dès les origines, la nature a déposé sur l'archipel nippon les ferments de la puissance et de la civilisation. Un climat tempéré, une pluviosité généreuse, un sol raisonnablement fertile et surtout la relative proximité de prestigieux foyers de civilisation ont été depuis la haute époque les atouts majeurs qui prédisposaient le Japon à occuper un rôle de tout premier plan dans l'histoire mondiale.

Ressources et contraintes naturelles.

Guirlande insulaire en bordure du continent asiatique, l'arc japonais s'étend du 30° au 45° degré de latitude Nord et constitue une zone de contrastes climatiques. Le nord de l'île de Hokkaïdo se trouve à la même latitude que Bordeaux; la région centrale autour de Tokyo correspond au détroit de Gibraltar et l'extrémité méridionale de Kyushu occupe une position comparable à celle du Sud marocain. Cette extension en latitude entraîne de sensibles écarts thermiques et pluviométriques, bien que l'océan tende à réduire l'amplitude des variations climatiques.

Par ses dimensions, le Japon est à l'échelle des pays européens. Plus étroit que la France ou que l'Espagne, il a une superficie légèrement supérieure à celle de l'Italie ou de la Grande-Bretagne qui furent le berceau des deux principaux empires d'Occident. Son relief l'apparente à

Le Japon rapporté aux latitudes de l'Europe

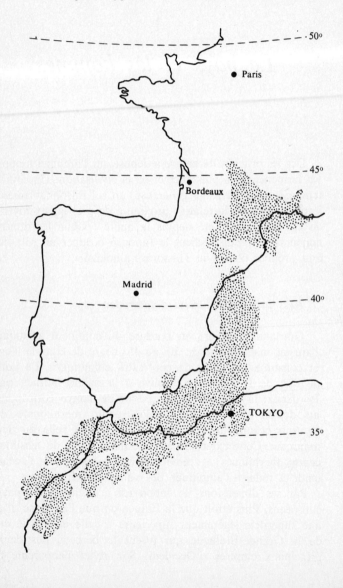

l'Italie. Une armature de montagnes élancées et de collines enchevêtrées traverse de part en part les quatre grandes îles de l'archipel. Le tracé capricieux des rivages, l'audace des reliefs, l'exubérance de la végétation ont façonné un pays riche en sites incomparables. Nul doute que la sensibilité raffinée et l'originalité artistique que l'on retrouve à chaque étape de l'histoire japonaise ne se soient alimentées à la beauté de ce patrimoine naturel exceptionnel. La rançon de ce foisonnement de la nature est l'exiguïté de la surface cultivable qui couvre moins de 20 % du territoire. Partout, la montagne a rejeté les Japonais vers l'océan pour en faire les « rouliers des mers asiatiques ». Moyen privilégié de liaison entre les îles de l'archipel, la mer a lancé l'homme japonais à la découverte du monde. En outre, la confluence des courants chauds et froids qui viennent lécher les côtes a suscité un précoce et vigoureux essor de la pêche.

En matière de ressources minérales, la nature s'est montrée en revanche une mère parcimonieuse. Le charbon constitue le seul produit du sous-sol dont les réserves soient raisonnables. En vérité, l'unique et véritable richesse naturelle du Japon est l'eau. C'est l'eau qui entretient l'épaisse couverture forestière des montagnes; c'est l'eau que des milliers de petits canaux, fruit du travail bimillénaire des hommes, répartissent à travers les champs de culture irriguée; c'est encore l'eau qui a permis au Japon de surpasser les plus forts rendements agricoles mondiaux et de se doter d'un potentiel électrique qu'il exploite systématiquement pour les usages domestiques et industriels.

L'insularité et ses conséquences.

Un second facteur géographique a imprimé sa marque à toute l'histoire japonaise : l'isolement. Même si la technique a aboli les distances et permis au Japon de prendre place parmi les grandes puissances commerciales, les barrières linguistiques et culturelles continuent à opposer des obstacles considérables à la communication avec le monde extérieur.

Certes, le Japon se rattache à la civilisation extrême-orientale qui, à partir du berceau chinois, s'est diffusée vers la Corée et le Vietnam. Rassemblant depuis l'antiquité entre un quart et un tiers de l'espèce humaine, cette aire de civilisation est longtemps demeurée à l'écart des autres grands foyers de culture. Les chaînes et les déserts de l'Asie centrale, la topographie confuse du Sud-Est asiatique et les jungles inhospitalières de l'archipel malais ont opposé pendant des siècles un obstacle infranchissable aux relations avec les espaces civilisés de l'Inde, du Moyen-Orient ou du Bassin méditerranéen. Le Japon, parfois surnommé « l'Angleterre de l'Asie », a subi, plus fortement encore que la Grande-Bretagne, l'empreinte de sa position excentrique à la périphérie d'un continent. Alors que 31 km seulement séparent l'Angleterre du continent européen, la pointe occidentale du Japon est à 177 km de la Corée. Quand on sait qu'il faut parcourir quelque 800 km d'océan avant d'atteindre les côtes chinoises, on comprend que les navigateurs de l'ancien Japon aient longtemps hésité à tenter l'aventure d'une expédition aussi périlleuse.

Par sa culture, le Japon est tributaire de la civilisation chinoise. Il y a trouvé ses sources d'inspiration au même titre que l'Europe du Nord a puisé dans les civilisations du Bassin méditerranéen. On remarque d'ailleurs plus d'une analogie entre la diffusion de la civilisation chinoise à travers l'archipel nippon au cours du premier millénaire de l'ère chrétienne et les progrès de la culture méditerranéenne en Europe septentrionale à la même époque. Mais au Japon, un isolement plus tenace a permis l'éclosion de valeurs culturelles originales largement affranchies des modèles d'emprunt. Un poncif répandu se plaît à présenter les Japonais comme de purs imitateurs et de serviles plagiaires. La vérité est tout autre. Conscients de leur dette à l'égard des modèles culturels étrangers, les Japonais ont su les amalgamer en une synthèse inédite et les adapter aux dimensions de leur territoire national. Quand on considère le vêtement traditionnel, les pratiques culinaires, l'architecture ou les modes de vie, on s'aperçoit que le Japonais est capable d'innover. Dans aucun autre pays, on ne retrouve les épaisses nattes de paille utilisées pour le revêtement du sol, les cloisons mobiles de papier en guise de murs, les frêles habitations largement ouvertes sur la nature, le brasier domestique alimenté au charbon, la niche réservée aux objets d'art, ni les baignoires caractéristiques en bois ou en fer; nulle part, le rite du bain pris en communauté à la fin de la journée de travail, ne revêt l'importance d'un moment privilégié de détente totale et de bien-être physique.

L'originalité culturelle du Japon s'est encore trouvée accentuée par sa structure linguistique. La langue japonaise utilise les idéogrammes * chinois et a emprunté de très nombreux mots au continent, mais elle conserve une spécificité irréductible. A bien des égards, le japonais présente des affinités avec le coréen, mais il ne s'apparente complètement à aucune langue connue et utilise un système d'écriture d'une complexité inégalée.

Tous ces facteurs expliquent que les Japonais aient pris très tôt conscience de leur identité et se soient appliqués à affirmer leurs particularités. Lorsque sont apparus à l'époque contemporaine les Etats-nations, le sentiment national japonais s'est fortifié très rapidement. Les caractéristiques ethniques et géographiques avaient déposé de nombreux ferments de cohésion et d'unité. En retour, la conscience aiguë d'une « personnalité nationale » consolidée par le « splendide isolement », a imprimé une tonalité particulière aux relations diplomatiques du Japon. Les dirigeants du pays ont rarement su trouver une juste mesure dans leurs rapports avec le monde extérieur. On leur a reproché tour à tour leur indifférence hautaine, leur attitude de supériorité ou leur complexe d'infériorité à l'égard de l'étranger. Aujourd'hui encore, les historiens cherchent volontiers dans leur position excentrique et isolée l'explication des oscillations et des revirements de leur politique étrangère et de la difficulté qu'ils éprouvent présentement à s'insérer dans l'équilibre des forces mondiales.

Les civilisations néolithiques : Jomon et Yayoi.

Les Japonais se rattachent à la race mongoloïde dont les Chinois et les Coréens forment les autres rameaux. Au cours de l'histoire, un type humain s'est constitué à partir d'éléments ethniques variés. On sait que dès l'époque paléolithique, différentes populations ont quitté le continent pour venir s'établir dans l'archipel.

Parmi les peuplades du Japon primitif les *Aïnu* * méritent une mention particulière. Il s'agit d'un groupe ethnique protocaucasien qui se dégage de la race blanche avant que celle-ci n'ait acquis ses caractéristiques morphologiques définitives. Il semble qu'à une époque reculée les Aïnu aient occupé la plus grande partie du Japon où ils sont sans doute arrivés tardivement à partir du Nord. Quoi qu'il en soit, on a la trace que des populations aïnu vivaient il y a douze siècles sur l'île de Hokkaïdo et dans le tiers septentrional de Honshu. Depuis lors, elles ont été progressivement refoulées vers le Nord et assimilées par les populations japonaises au point de perdre leurs traits distinctifs. Aujourd'hui les Aïnu ont presque entièrement disparu, mais ils ont légué à leurs descendants certains traits physiques comme le système pileux particulièrement développé qui caractérise encore de nombreux Japonais.

Une théorie très répandue souligne au contraire l'apport des populations du Sud-Est asiatique et de Formose dans le fond ethnique japonais. De nombreuses ressemblances dans les mythes, les pratiques sociales, l'architecture de ces pays, semblent confirmer cette hypothèse, encore qu'aucune certitude archéologique ne puisse l'étayer. Il est plus vraisemblable qu'un vaste déplacement de populations lié au progrès de la civilisation chinoise a gagné par vagues successives l'Asie du Sud-Est et, par l'intermédiaire de la Corée, le Japon.

Les découvertes archéologiques nous donnent la conviction que la plupart des habitants du Japon primitif avaient transité par la Corée ou par d'autres régions du Sud-Est asiatique. Ce mouvement s'est poursuivi jusqu'au VIIIᵉ siècle de notre ère. Vers cette époque, l'assimilation était déjà très avancée et la race japonaise avait acquis les traits que nous lui connaissons aujourd'hui. Elle s'était répandue sur l'ensemble de l'archipel, à l'exception d'un petit réduit aïnu à l'extrême nord du pays. Par ailleurs, dans le sud de Kyushu, quelques minorités incomplètement assimilées conservaient des institutions politiques et des traditions culturelles distinctes.

L'introduction au Japon des techniques asiatiques est contemporaine de ces déplacements de populations. Depuis le Vᵉ millénaire avant J.-C., l'archipel nippon abrite une société primitive organisée autour de la chasse et de la cueillette. Les historiens l'ont surnommée société *Jomon* * du nom des poteries cordées qui la caractérisent. C'est une période de grande fécondité artistique marquée par la recherche de motifs décoratifs originaux. L'art *Jomon* s'est perpétué jusqu'à l'époque historique dans les réduits aïnu du Nord.

Simultanément, une nouvelle civilisation néolithique [1] en provenance de la Corée, commence à se répandre. Apparue vers le IIIe siècle avant J.-C. au nord de Kyushu, elle gagne progressivement le Japon central par la mer intérieure, la plaine du Kanto par les côtes orientales; le nord du pays est finalement atteint, malgré les montagnes, vers le premier siècle de notre ère. Cette nouvelle civilisation dénommée *Yayoi* * se distingue fondamentalement de la culture *Jomon* par l'apparition d'une économie agricole fondée sur la riziculture irriguée qui s'est perpétuée sans grands changements jusqu'à nos jours. Dans le domaine artisanal les productions de la période *Yayoi* sont des poteries au tour et des objets de bronze ou de fer, souvent d'inspiration chinoise. Cette apparition de techniques nouvelles est étroitement liée à la formation du premier grand empire chinois unifié à la fin du IIIe siècle avant J.-C. et à la conquête par la Chine septentrionale de la Corée en 108 avant J.-C. Ce processus d'imitation fait songer à la romanisation de la Gaule et de la Grande-Bretagne presque à la même époque. Des documents chinois du IIIe siècle de notre ère montrent le Japon comme une société agraire compartimentée, hiérarchisée et soumise à l'autorité de chefs religieux — hommes ou femmes —, sorte de chamans *, intercesseurs des forces cosmiques et des esprits surnaturels. Le pays était partagé

---

1. Les historiens ont l'habitude de désigner les civilisations Jomon et Yayoi du terme englobant de néolithique. Cet usage commode pourra sembler impropre au lecteur dans la mesure où il s'écarte doublement des principes adoptés habituellement pour la périodisation préhistorique. En effet, le Yayoi, qui conserve les caractères essentiels de l'âge néolithique, est aussi marqué par l'apparition d'objets en fer et en bronze qui le situeraient logiquement à l'âge des métaux. D'autre part, la période Jomon où l'agriculture était pratiquement inconnue, se rattache moins au néolithique proprement dit qu'à un mésolithique attardé. (N.d.T.)

Le Japon primitif

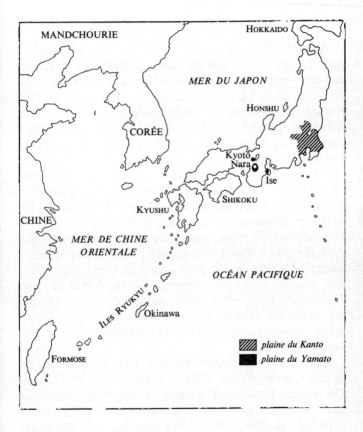

plaine du Kanto
plaine du Yamato

entre un grand nombre de tribus dont plusieurs relevaient de l'autorité d'un énigmatique « pays de la reine », auquel font allusion les textes chinois.

L'Etat clanique du Yamato.

A partir de la fin du IIIe siècle, les Japonais reprennent l'usage coréen d'ériger des sépultures en forme de *tumuli* * pour ensevelir leurs chefs. Les dimensions de ces édicules ne cessent de s'accroître, témoignant de l'influence grandissante de l'aristocratie primitive. Vers le début du Ve siècle, ils atteignent des proportions imposantes et suggèrent qu'en un siècle et demi se sont opérées une forte concentration du pouvoir et une sensible accumulation des richesses. Ces tombeaux ont la forme d'un « trou de serrure » — arrondis à l'arrière et rectangulaires à l'avant — et sont jalonnés de cylindres en terre cuite, les *haniwa* *, fréquemment surmontés de figurines représentant des guerriers en armes, des chevaux, des maisons ou des animaux divers d'un extrême intérêt esthétique et archéologique. La plus grande de ces sépultures princières mesurait, avec ses fossés périphériques, quelque 800 m de long. Les harnais et les objets variés qui ont été retrouvés dans ces tombeaux laissent supposer l'existence d'une aristocratie guerrière qui imposait sa domination aux populations rurales.

Les plus vastes sépultures que l'on a retrouvées se situent à proximité des villes actuelles de Nara et d'Osaka. On estime traditionnellement qu'il s'agit des tombeaux des premiers empereurs japonais. Cette interprétation corrobore d'ailleurs les sources chinoises qui présentent les chefs guerriers ensevelis sous les *tumuli* comme les descendants de la « reine ». Des recoupements entre les découvertes archéologiques, les écrits chinois et les traditions orales permettent ainsi d'esquisser les traits de la

Un haniwa, représentant une tête de femme. (Musée national de Tokyo.)

société japonaise du Vᵉ siècle. On peut raisonnablement se fier à la légende nationale d'une conquête progressive depuis la Mer intérieure jusqu'au Yamato, par une tribu unique qui aurait soumis les unes après les autres les peuplades rivales.

Les chefs religieux de la plaine du Yamato prétendaient descendre de la déesse-Soleil dont ils avaient répandu le culte à travers l'ensemble du pays. Le centre de ces dévotions était le grand sanctuaire d'Ise, qui reste aujourd'hui encore un des principaux lieux saints du Japon et le plus beau vestige de l'architecture religieuse de ces temps reculés. La présence d'une déesse à l'origine de la lignée impériale et les allusions faites par les écrits chinois à des tribus commandées par des femmes suggèrent l'existence d'une société matriarcale originale qui n'aurait disparu que lentement au contact du continent. Les fouilles archéologiques menées au Japon et sur les franges du continent ont permis de retrouver les insignes des grands prêtres du Yamato qui sont encore les trois symboles distinctifs de la famille impériale. Il s'agit d'un miroir de bronze d'inspiration chinoise, symbole de la déesse-Soleil, d'un long sabre de fer et d'un « bijou incurvé » appelé *magatama* * représentant une griffe d'ours.

A partir des Vᵉ et VIᵉ siècles, un Etat japonais se substitue à l'amalgame de tribus compartimentées auquel font allusion les sources chinoises. Désormais, la société est divisée en clans dénommés *uji* *. Les membres de ces clans, sans être nécessairement liés par le sang, forment une parentèle sous l'autorité d'un chef héréditaire. Ils adorent une même divinité à l'autel du clan. Chaque uji se subdivise en groupes professionnels spécialisés — les *be* * également héréditaires et investis de fonctions spécifiques comme le tissage, la poterie ou l'agriculture. L'ensemble de ces clans sont soumis hiérarchiquement aux chefs du Yamato. Certains se trouvent placés sous leur dépendance directe; d'autres, administrent des petites unités régionales largement autonomes.

Peu à peu, l'autorité de l'Etat du Yamato s'étend à l'ensemble du Japon, à l'exception du Nord toujours peuplé par les Aïnu. Sa suzeraineté s'exerce jusque sur certaines parties de la Corée du Sud. La tradition voit dans cette extension sur le continent le fruit de la conquête miraculeuse d'une impératrice guerrière. Il faut plutôt y reconnaître une preuve supplémentaire du mouvement continu d'émigration coréenne vers le Japon. Jusqu'au VIIIᵉ siècle, un bon tiers des aristocrates de l'Etat du Yamato invoquent des origines continentales au point que l'on a pu comparer cette emprise sur le continent à celle des Anglais sur la Normandie médiévale. Le pouvoir japonais en Corée méridionale atteint son apogée à la fin du IVᵉ siècle, puis se désagrège progressivement pour disparaître en 562.

L'héritage de l'époque protohistorique.

Le Japon devait conserver longtemps l'empreinte de son organisation sociale primitive fondée sur les clans. Le sens des valeurs de hiérarchie et d'hérédité, la figure du guerrier à cheval allaient se retrouver pendant toute la période féodale. Les premiers chefs du Yamato avaient donné naissance à la famille impériale, la plus ancienne dynastie régnante du monde, qui tout au long de l'histoire japonaise, devait rester le principe ultime de toute légitimité.

Dans le domaine religieux surtout, cette période devait laisser des traces durables. L'ensemble des croyances et des pratiques rituelles apparues dès l'époque protohistorique prirent par la suite le nom de *Shinto* * — la voie des dieux — pour mieux les distinguer du bouddhisme. L'adoration de la déesse-Soleil et des ancêtres des clans, ne tarda pas à se dissoudre dans un culte naturiste très général. Un torrent, une anfractuosité du rocher, une grotte mystérieuse, un grand arbre, une pierre de forme étrange, une personne difforme, un insecte nuisible étaient susceptibles de devenir objets de vénération. On parlait alors de *kami* *, terme assez improprement traduit par « divinités ». Cette conception extensive du sacré propre à la tradition shintoïste est à rapprocher des « déifications » que le Japon moderne réservera à ses empereurs et aux soldats morts pour la patrie.

Le Shinto primitif ne comportait pratiquement aucune prescription morale et mettait surtout l'accent sur la pureté rituelle ce qui explique peut-être l'amour japonais de l'hydrothérapie. Lieux de culte, fêtes et cérémonies étaient innombrables. Il suffisait qu'un endroit inspirât un sentiment de vénération religieuse pendant quelque temps pour qu'il soit transformé en lieu de culte puis en sanctuaire. Aujourd'hui, ces sanctuaires émaillent par dizaines de milliers le paysage japonais. On les reconnaît à leur portique caractéristique ou *torii* *. Certains remontent aux temps les plus reculés et beaucoup passent pour être d'anciens temples consacrés aux divinités de clans locaux; d'autres sont de simples petites constructions en pierre ou en bois érigées plus récemment à proximité d'un vieil arbre noueux ou au sommet d'une montagne.

Le vieux fond du Shinto a peu évolué des temps préhistoriques à nos jours. On a tenté pendant 1 300 ans d'en codifier les divers éléments et d'y introduire une certaine cohérence. Depuis un siècle, la mythologie primitive du Shinto a connu un vif regain de faveur auprès des chantres de l'ultranationalisme; des patriotes ardents l'ont remis en honneur dans un esprit de fanatisme. Cette utilisation idéologique de la religion shintoïste n'en a pourtant pas sensiblement altéré les principes fondamentaux qui demeurent : le culte de la nature, le respect des ancêtres et un sentiment de communion avec les forces de l'univers et les générations passées.

2

A l'école de la Chine

A l'instar des Européens du Nord qui ont puisé indistinctement dans le double héritage latin et germanique, les Japonais réalisèrent une synthèse entre les éléments de leur culture primitive et les apports de la civilisation chinoise. On peut dater les débuts de l'histoire du Japon du jour où la vague de civilisation venue du continent atteignit pour la première fois les rivages de l'archipel. Transposés dans un cadre nouveau, les produits hautement élaborés de la culture chinoise entrèrent en symbiose avec les traditions plus frustes de l'Etat du Yamato.

Les premiers contacts : bonzes et techniciens.

Des contacts avaient été noués depuis longtemps entre le Japon et la Chine. Dès le premier siècle de notre ère, des ambassadeurs et des commerçants circulaient en permanence entre les deux pays. Les immigrants venus de Corée avaient introduit dans l'archipel les connaissances scientifiques et artistiques du continent. Vers le Vᵉ siècle, les modèles d'écriture chinoise étaient très largement connus des Japonais. On remarquera toutefois que ces divers emprunts s'étaient opérés de manière insensible, par un processus de diffusion progressive, sans que les Japonais en aient toujours eu une claire conscience. Ce n'est qu'à partir de la seconde moitié du VIᵉ siècle que le mouvement d'imitation s'accéléra. Les Japonais s'avisèrent alors des bienfaits que pouvait leur apporter la civilisation continentale et éprouvèrent le désir de s'en pénétrer davantage.

On s'explique mal les motifs qui ont déclenché ce brusque regain d'intérêt pour le monde chinois. Peut-être qu'après avoir surmonté leurs problèmes politiques intérieurs et accédé à un certain niveau de développement culturel, les Japonais pouvaient désormais se mettre consciemment à l'école de la Chine, d'autant que l'éclat inégalé de la civilisation chinoise les y engageait plus impérativement que jamais.

On sait que la civilisation chinoise remonte au second millénaire avant Jésus-Christ. L'apogée du premier Empire militaire chinois est à peu près contemporain de la grandeur de Rome puisqu'il se situe entre 220 av. et 220 ap. J.-C. Il fut suivi par une ère de chaos politique, de guerres civiles et d'invasions barbares qui se prolongea jusqu'à la deuxième moitié du VIᵉ siècle. Alors se constitua un second Empire encore plus florissant et plus solidement établi que le premier. Pendant les VIIᵉ et VIIIᵉ siècles la Chine jouissait sans conteste d'une prospérité, d'une puissance politique et d'une avance technique supérieures à celles de tous les autres pays du monde. Cette période qui correspond à la dynastie des T'ang fut une ère de grandeur, de gloire et de rayonnement culturel sans précédent.

Rien d'étonnant dès lors que les Japonais des temps obscurs, même protégés par la barrière de l'insularité, aient subi le contrecoup de ce renouveau. L'ensemble de l'archipel va connaître une effervescence culturelle qui contraste avec la relative stagnation de l'Europe occidentale à la même époque. L'Europe du Nord et le Japon diffèrent alors moins par leur organisation sociale que par l'inégale vitalité de leurs modèles politiques respectifs : à la décadence de Rome en Occident correspond en Orient

Premières routes maritimes entre la Chine et le Japon

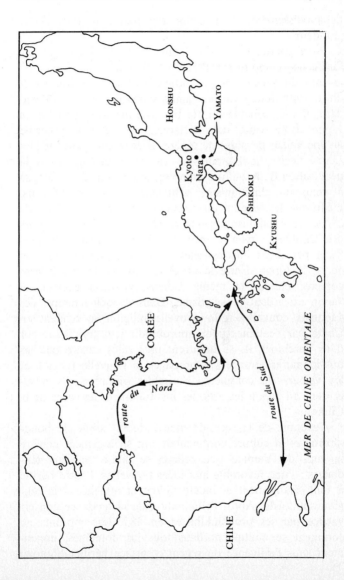

l'épanouissement d'une Chine qui paraît au faîte de sa grandeur.

On a coutume de faire remonter à 552 les débuts de l'influence chinoise sur l'archipel nippon; c'est l'année où la cour du Yamato adopte officiellement la religion bouddhiste introduite par des ambassadeurs coréens. Cependant, il est probable que le bouddhisme avait pénétré au Japon avant cette date à laquelle il ne faut accorder qu'une valeur de point de repère. Il reste que pendant plusieurs siècles, le bouddhisme va servir de support à la pénétration de la culture chinoise, jouant un rôle analogue à celui du christianisme véhiculant à travers l'Europe médiévale les valeurs du monde méditerranéen. Venu de l'Inde, le bouddhisme s'était implanté en Chine au cours des troubles survenus entre les deux premiers Empires. Servi par des ministres zélés, il avait gagné la Corée et de là, le Japon. Entre le vi^e et le viiie siècle, des bonzes coréens, chinois et même indiens, viennent exercer au Japon un ardent prosélytisme. Dans le même temps, des Japonais convertis à la nouvelle religion se rendent en Chine par centaines pour approfondir leur foi. De retour dans l'archipel, ils se montrent plus zélés encore que les missionnaires étrangers à propager la nouvelle religion et les valeurs du continent. Véritables pionniers, ils introduisent au Japon les arts, les institutions et les idées de la Chine.

Au cours de la seconde moitié du vi^e siècle, le bouddhisme et la culture continentale ont si largement pénétré la cour du Yamato que celle-ci se divise en deux tendances : l'une favorable aux idées nouvelles, l'autre hostile à tout changement et indéfectiblement attachée à la religion shintoïste. Après l'élimination de la tendance conservatrice par les probouddhistes en 587, les emprunts au continent se multiplient dans tous les domaines, notamment sous l'influence du régent et prince héritier Shotoku qui prend la tête d'un mouvement réformiste. En 604, il promulgue la *Constitution des 17 articles,* recueil de préceptes tirés du bouddhisme et de la sagesse confucéenne. En 607, il envoie en Chine une ambassade officielle dont la mission sera renouvelée régulièrement pendant deux siècles et demi. Dans l'immédiat, ces délégations diplomatiques ne provoquent aucune transformation politique ou économique décisive; mais elles ont une profonde influence sur les mentalités et la vie culturelle.

Avec une clairvoyance surprenante dans un pays émergeant à peine d'une protohistoire confuse, les dirigeants japonais désignent des observateurs jeunes et brillants pour accompagner les ambassadeurs et s'imprégner du savoir chinois. Ainsi sont organisées, avant la lettre, les premières missions d'information technique. Parmi ces « techniciens », certains sont sélectionnés en fonction de leurs connaissances en littérature, en philosophie ou en histoire chinoise. D'autres sont choisis pour leur compétence en matière de liturgie et de théologie bouddhistes ou encore pour leurs dons poétiques, picturaux ou musicaux. Sur place, ils se consacrent aux études pendant toute l'année que dure l'ambassade et prolongent parfois leur séjour pendant la ou les décennies qui séparent le départ d'une ambassade de l'arrivée de la suivante. De retour au Japon, ils deviennent des pionniers dans leur spécialité et sont chargés de transmettre et de faire fructifier les connaissances acquises à l'école des Chinois.

Seuls agents de modernisation du pays, ils ne tardent pas à prendre conscience de leur pouvoir. En 645, ils réussissent un coup d'Etat savamment préparé qui bouleverse l'équilibre des forces à la cour du Yamato et inaugure l'ère Taika * ou « ère du grand changement ». L'objectif officiel est de faire de l'archipel une réplique exacte de la Chine des T'ang. Les Japonais ne sont d'ailleurs pas les seuls à vouloir calquer ainsi leurs institutions sur celles du grand voisin chinois : les petits royaumes de Corée, de Mandchourie et de la périphérie de l'Empire T'ang, s'engagent également dans un tel processus. Cette volonté résolue de s'inspirer de modèles étrangers, qui allait devenir courante dans les Etats modernes, apparaît extrêmement originale pour l'époque.

La réforme institutionnelle.

Au contact des institutions chinoises, les Japonais se mirent à rêver d'une organisation politique de type impérial qui leur permettrait de traiter d'égal à égal avec leur grand voisin. Le prince Shotoku commençait ses lettres aux empereurs chinois de la manière suivante : « l'Empereur du Soleil levant à l'Empereur du Soleil couchant... ». Bientôt, les princes de la cour du Yamato adoptèrent le cérémonial et les attributs symboliques des empereurs chinois. Le souverain, tout en conservant ses pouvoirs de chef religieux, devint un monarque autocrate dans la plus pure tradition chinoise. Jusqu'à l'époque contemporaine, l'empereur du Japon a gardé cette double autorité de chef spirituel et d'exécutif politique suprême.

Sous l'influence chinoise, les Japonais renoncèrent peu à peu à leurs dernières traditions matriarcales. Un bonze bouddhiste ayant tenté d'usurper le trône grâce à son ascendant sur une impératrice, les femmes furent définitivement écartées du pouvoir à partir de la seconde moitié du VIIIe siècle. Il fallut attendre mille ans et la décomposition complète de l'autorité impériale, pour voir de nouveau une femme accéder au trône. Simultanément, le statut de la femme dans la société tendait à perdre son ancien prestige. Dans les premiers temps de l'époque féodale, les femmes avaient encore une grande influence, mais la subordination à l'égard de l'homme devait bientôt l'emporter.

LA CONSTITUTION DE TAÏKA

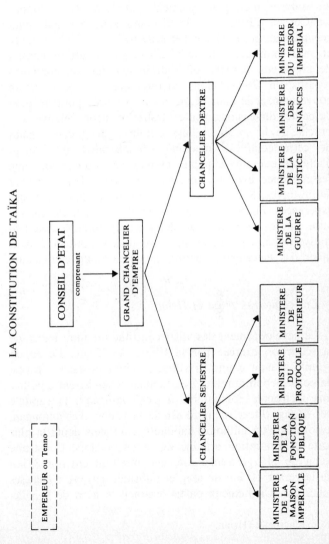

Note : La « gauche » a la prééminence sur la « droite » comme dans la Chine des T'ang

Autour de la personne de l'empereur on mit en place les rouages d'un gouvernement central de type chinois. Un Conseil d'Etat fut créé. Il comprenait le grand chancelier d'Empire, le chancelier senestre, le chancelier dextre et huit ministères spécialisés. Chaque ministère coiffait de nombreux bureaux où s'affairaient des fonctionnaires répartis en 26 échelons hiérarchiques. Cette structure gouvernementale était beaucoup trop lourde pour un pays de petites dimensions, peu centralisé et encore relativement proche de la société tribale primitive. Bien des organes de cette complexe machine administrative n'existaient d'ailleurs que sur le papier et n'avaient qu'une lointaine ressemblance avec les rouages chinois qui leur servaient de prototype. Si les résultats ne furent pas à la hauteur des espérances, on ne peut qu'admirer l'extraordinaire énergie mise par les Japonais à se doter d'une structure administrative imitée de celle de la Chine et leur aptitude à assimiler des mécanismes politiques d'une haute complexité.

Les capitales : Nara et Heian.

Le développement des villes constitue un autre indice de la séduction exercée par la Chine des T'ang. Le Japon primitif n'avait connu ni villes, ni cités, ni aucune forme de construction durable. Les Japonais cherchèrent à édifier une métropole comparable à Tch'ang-ngan [1], la capitale des T'ang. Située au nord-est de la Chine, Tch'ang-ngan, avec près d'un million d'habitants, était sans doute la plus forte concentration urbaine du monde d'alors. Construite selon un plan rectangulaire, elle mesurait environ 8 km de large sur 10 km de long et s'abritait derrière d'épaisses murailles. Un luxueux palais occupait le nord de la ville.

1. L'actuelle Hsian.

Plan de l'ancienne Heian (l'actuelle Kyoto)

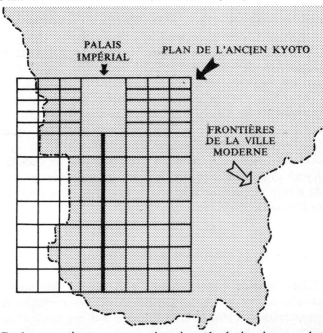

De larges artères se recoupaient à angle droit selon un plan en damier.

A partir de 710, les Japonais tentent de transposer à Nara les principes d'urbanisme de Tch'ang-ngan. Ils conçoivent une cité de dimensions plus modestes : 5 km de large sur 7 km de long environ. On abandonne l'enceinte à la chinoise et, faute d'une population suffisante, la partie occidentale de la ville ne sera jamais achevée. Pour faciliter la circulation, de larges artères sont dégagées entre lesquelles s'élèvent de majestueux temples bouddhiques couverts de tuiles, d'imposants palais et de spacieuses résidences particulières. Certains des temples de cette époque sont toujours debout et figurent parmi les plus anciens édifices de bois que l'on connaisse. Nara et ses environs restent un exceptionnel conservatoire des formes

architecturales de l'époque des T'ang, en particulier avec
le *Horyuji* *, célèbre temple du VIIe siècle.

Vers la fin du VIIIe siècle, la cour, soucieuse de se
dégager de l'emprise des grandes fondations bouddhiques
qui encerclaient Nara, décida de transférer la capitale à
Heian. En 794, la nouvelle métropole fut construite à
quelque 50 km au nord de Nara. De dimensions toujours
aussi grandioses (5,5 × 4,5 km), elle non plus ne fut
jamais achevée. Elle devait garder jusqu'en 1868 sa fonction de capitale impériale sur l'emplacement de l'actuelle
Kyoto. Aujourd'hui encore, le dessin géométrique des rues
de Kyoto rappelle de très près le plan des villes chinoises
médiévales.

Echec de la centralisation administrative.

Les Japonais éprouvèrent les plus grandes difficultés à
étendre à leur administration provinciale les méthodes du
gouvernement chinois. L'insuffisance des communications
et le poids des particularismes locaux vouaient à l'échec
toute tentative de centralisation par les agents de la cour.
Il fallut se contenter de la façade du système bureaucratique chinois. L'archipel fut divisé en provinces et en
comtés administrés par des fonctionnaires investis de titres
ronflants. Mais, les administrateurs provinciaux, répugnant
à délaisser les plaisirs de la cour, prirent vite l'habitude de
déléguer leurs pouvoirs à des subordonnés animés d'un
esprit particulariste. Il fut dès lors pratiquement impossible
au gouvernement central de tenir en main les provinces.

On tenta aussi de transposer au Japon le système foncier
et fiscal chinois, réputé pour son extrême complexité. On
sait que sous les premiers T'ang, la terre était théorique-
ment « nationalisée » et répartie de façon égale entre les
paysans. Chaque cultivateur payait le même montant d'im-

pôt, partiellement en prestations en nature et partiellement sous forme de corvées ou de service militaire. En dépit de leur long passé de centralisation et de leurs solides traditions bureaucratiques, les Chinois eux-mêmes étaient incapables d'assurer le bon fonctionnement d'un tel système. Les Japonais codifièrent minutieusement ces principes, mais ne parvinrent guère à les mettre en vigueur dans un pays divisé en clans. Le système connut à peine un siècle d'application véritable, exclusivement autour de la capitale et dans les quelques provinces où s'exerçait le pouvoir du gouvernement central. Dans le reste du pays, il demeura lettre morte.

En matière militaire, on s'inspira de la conscription chinoise. Conçue à l'origine comme une charge fiscale, elle permettait aux T'ang d'assurer la sécurité de leurs interminables frontières et de repousser les incursions des populations nomades qui les harcelaient au nord et au nord-ouest. Ces justifications stratégiques n'avaient aucun sens au Japon. L'armée de paysans levée dans les régions contrôlées par la capitale n'y fut jamais employée qu'à des travaux d'infrastructure. La création d'un corps d'infanterie un moment envisagée, ne connut qu'un début de réalisation. Le noble guerrier à cheval allait pour longtemps encore incarner la défense japonaise.

Religion et vie culturelle.

A long terme, l'influence chinoise laissa une empreinte plus profonde sur les mentalités que sur les structures administratives et politiques. Bien des formes d'organisation imitées du continent étaient vouées à disparaître avec le temps. Les rares qui subsistèrent furent bientôt vidées du plus clair de leur contenu. Au contraire, les conceptions religieuses, les traditions artistiques et les genres littéraires continentaux furent incorporés progressivement au fond culturel antérieur. A la confluence de deux civilisations, se modela une sensibilité nouvelle.

A partir du triomphe des probouddhistes à la cour dans la seconde moitié du VIe siècle [1], la religion chinoise devint le culte officiel des milieux dirigeants. On érigea sur fonds publics des temples magnifiques, où, en présence de la cour et des familles aristocratiques, se déroulaient d'impressionnantes cérémonies. On vit plusieurs empereurs abandonner leurs fonctions officielles pour embrasser la paisible existence monastique. Comme tout ce qui provenait du continent, le bouddhisme s'implanta beaucoup plus solidement dans la capitale et ses environs que dans les provinces reculées où le shintoïsme conservait de nombreux adeptes.

Avec le bouddhisme pénétrèrent les conceptions esthétiques et les techniques artisanales chinoises. Les temples bouddhiques, véritables joyaux architecturaux, abritaient d'élégantes œuvres d'art empreintes d'une profonde spiritualité; ils se signalaient par leurs peintures et leurs statues de bronze, de laque ou de bois. Une partie de cette production artistique venait du continent; le reste, d'égale qualité esthétique, était d'origine nippone. Les édifices bouddhiques de la région de Nara comme le *Horuyji* * et le *Shosoin* * (« magasin officiel »), sont autant de témoignages de cette période. Ils montrent avec quel bonheur les Japonais ont su transplanter et adapter ce qu'il y avait de meilleur dans les traditions artisanales chinoises. Dès cette époque, la perfection plastique des œuvres japonaises résulte de l'heureuse association d'un goût artistique très sûr et d'une remarquable habileté manuelle.

L'influence chinoise fut incontestablement moins bénéfique en ce qui concerne l'écriture. Le japonais est une

1. Cf. *supra*, p. 34.

langue agglutinante de structure phonétique simple, essentiellement formée de mots polysyllabiques riches en inflexions. Il en va tout autrement du chinois qui connaît peu d'inflexions et qui comportait, à l'origine surtout, des termes monosyllabiques. Le chinois se prête donc moins bien que le japonais à une transcription phonétique. Ainsi s'explique que les Chinois aient inventé un système d'écriture dans lequel chaque mot est représenté par un symbole distinct ou idéogramme *, le plus souvent d'origine pictographique. Selon le nombre de signes qu'il comporte, chaque idéogramme peut atteindre une plus ou moins grande complexité; c'est ainsi que « un » se transcrit par un simple trait horizontal — tandis que « baie » comporte un étonnant assemblage de 25 traits : 灣

On sait que de tout temps, le problème de l'étudiant chinois a été de mémoriser les quelques milliers de signes indispensables pour pouvoir prétendre au titre de lettré. Pour résoudre le problème de la transcription écrite de leur langue, les Japonais recoururent à l'écriture chinoise pourtant totalement inadéquate. Rarement, le déterminisme géographique joua un rôle plus décisif dans l'histoire. Nul doute que s'il avait eu pour voisin un pays disposant d'une écriture phonétique comparable à notre alphabet, le Japon eût résolu sans difficulté le problème de sa langue. Le sort en décida autrement et des générations entières de jeunes Japonais durent, à l'instar des Chinois, s'astreindre à un fastidieux effort de mémorisation pour acquérir les rudiments d'écriture indispensables.

Le prestige qui nimbait tout ce qui venait de Chine a dissuadé les Japonais de rechercher des solutions originales au problème de la transcription écrite de leur langue. C'est ainsi que pour écrire les noms propres ou les poèmes, ils employèrent les caractères chinois comme équivalents phonétiques des syllabes japonaises correspondantes. Pour le reste, l'absence de système d'écriture adapté aux particularités de leur langue, constitua un handicap irrémédiable. Ils utilisaient le chinois classique, un peu à la manière dont on utilisait le latin dans l'Europe médiévale. Les traités d'histoire, de géographie, de droit et les documents officiels de toute nature, étaient rédigés en chinois courant. Les plus cultivés se piquèrent même d'imiter la stylistique du continent et composèrent des poèmes à la chinoise.

Le genre littéraire le plus prisé était l'histoire. On sait la place que l'histoire a toujours occupée dans la vie culturelle chinoise. Le gouvernement des T'ang entretenait à ses frais des historiographes jouissant d'une position administrative enviée. Les Japonais, impressionnés par le talent des historiens chinois, voulurent écrire leur propre histoire nationale. Deux anciennes chroniques sont parvenues jusqu'à nous. Il s'agit du *Nihongi* * ou *Nihonshoki,* recueil composé en chinois en 720 et du *Kojiki* *, ouvrage plus modeste, écrit dans un mélange de chinois et de japonais aux environs de 712. Ces deux compilations fourmillent de renseignements plus ou moins véridiques sur la période postérieure à 400 ap. J.-C. On y trouve également de nombreux écrits mythologiques issus de la tradition orale de l'époque primitive. Ces sources jettent une lumière précieuse sur les croyances et les institutions japonaises avant la grande vague de pénétration chinoise.

Pourtant, les historiens et les hommes d'Etat d'alors ne se contentèrent pas de ces chroniques souvent simplistes, entachées d'éléments mythiques et trop proches par leur contenu des récits des conteurs de la cour du Yamato. Ils entreprirent de prouver historiquement que les souverains du Yamato descendaient tous d'une lignée unique qui avait toujours détenu le pouvoir et dont les lettres de noblesse valaient largement celles de la dynastie chinoise. Agrémentant l'histoire et la mythologie nationales d'éléments continentaux, ils dressèrent une fresque grandiose racontant la descente sur terre du petit-fils de la déesse-Soleil. L'arrière-petit-fils de ce dernier, *Jimmu* *, aurait ensuite fondé l'Empire du Soleil levant en 660 av. J.-C. Cette date symbolique, comme souvent dans les récits de ce genre, relève de la fantaisie. Elle a sans doute été arrêtée au début du VIIe siècle en défalquant 1 260 années, ce qui correspond à une période cyclique dans les chronologies chinoises.

Le *Nihongi* et le *Kojiki* occupent ainsi une place fondamentale dans l'historiographie japonaise et constituent des sources d'information privilégiées. Mais leur célébrité tient aussi à une autre raison. Ces chroniques ont été exhumées et tirées de plusieurs siècles d'obscurité par des nationalistes impatients de renouer avec la sève d'un Japon primitif réputé supérieur aux autres pays. Malgré la naïveté des récits mythologiques qu'ils contenaient, ces deux livres sont devenus à une certaine époque la bible de l'ultranationalisme militant. On vit même le gouvernement demander aux citoyens japonais d'accepter ces légendes pour des vérités historiques irréfutables.

3

Vers l'autonomie culturelle

De la fin du VIᵉ siècle au milieu du IXᵉ, le Japon s'est mis délibérément à l'école de la Chine. A partir du IXᵉ siècle, cette attitude se modifie insensiblement. Si l'attrait de ce qui vient de Chine demeure puissant, les Japonais semblent moins convaincus de la supériorité de la civilisation continentale. L'influence chinoise dans le domaine politique et culturel a connu son apogée entre 710 et 794, tant que la capitale a été à proximité de Nara. Après le transfert du centre politique à Heian [1] en 794, le prestige du continent se maintient quelque temps. Mais dès les premières années du Xᵉ siècle, apparaît un esprit nouveau caractéristique de toute l'ère Heian — IXᵉ siècle au début du XIIᵉ siècle — qui fait un vif contraste avec les tendances de l'ère Nara. Désormais, les habitants de l'archipel cherchent moins à imiter systématiquement le savoir et le savoir-faire chinois qu'à assimiler en profondeur les emprunts de l'époque antérieure en les adaptant aux réalités et aux goûts japonais.

Ce revirement s'explique en partie par la décadence politique de la dynastie des T'ang qui ne cesse de s'aggraver au cours du IXᵉ siècle. En outre, l'évolution de la mentalité japonaise a une part non négligeable dans ce changement d'attitude. Trois siècles d'assimilation consciencieuse des valeurs chinoises ont fait éclore au voisinage de la capitale

1. Ou Kyoto.

une société brillante, régie par des institutions politiques et sociales de type chinois. Au lieu de se borner à reproduire les modèles continentaux, elle en transpose l'esprit et les principes à de nouveaux domaines d'investigation et renonce à considérer les pratiques chinoises comme des données intangibles. Progressivement, les Japonais s'éveillent à une vie culturelle autonome dont les traits sont aussi éloignés de la société indigène primitive que de la civilisation des T'ang. Pour la première fois, l'archipel accède à une véritable maturité intellectuelle.

Le premier signe de cette mutation est la rupture des relations diplomatiques avec la Chine. La dernière grande ambassade envoyée auprès de l'Empire T'ang quitte le sol japonais en 838 et sa mission n'est pas renouvelée l'année suivante. Toutes les tentatives ultérieures pour établir des contacts avec le continent seront repoussées par les dignitaires de la cour convaincus désormais que l'enjeu ne justifie plus les risques considérables d'une longue traversée maritime. Quelques commerçants et quelques futurs bonzes continuent à faire la navette entre les deux pays, mais l'ensemble de l'archipel se replie sur lui-même. A l'abri de l'isolationnisme retrouvé, le processus d'acculturation s'accélère inévitablement. C'est en vase clos que se poursuit dorénavant l'assimilation des valeurs chinoises.

Une ébauche d'autonomie linguistique : les kana.

L'évolution culturelle se traduit d'abord par l'adoption d'un système d'écriture mieux adapté à la langue japonaise. On se souvient qu'un mode de transcription était apparu au cours des IXe et Xe siècles; il consistait à utiliser des caractères chinois simplifiés comme des symboles phonétiques dépourvus de toute signification propre. Chaque idéogramme chinois représentant un monosyllabe, était

LES SYLLABAIRES JAPONAIS OU KANA

50 ON (Les 50 Sons) Kata—Kana

	A	I	U	E	O
A	A ア	I イ	U ウ	E エ	O オ
Ka	Ka カ	Ki キ	Ku ク	Ke ケ	Ko コ
Ga	Ga ガ	Gi ギ	Gu グ	Ge ゲ	Go ゴ
Sa	Sa サ	Shi シ	Su ス	Se セ	So ソ
Za	Za ザ	Ji ジ	Zu ズ	Ze ゼ	Zo ゾ
Ta	Ta タ	Chi チ	Tsu ツ	Te テ	To ト
Da	Da ダ	Ji ヂ	Dzu ヅ	De デ	Do ド
Na	Na ナ	Ni ニ	Nu ヌ	Ne ネ	No ノ
Ha	Ha ハ	Hi ヒ	Fu フ	He ヘ	Ho ホ
Ba	Ba バ	Bi ビ	Bu ブ	Be ベ	Bo ボ
Pa	Pa パ	Pi ピ	Pu プ	Pe ペ	Po ポ
Ma	Ma マ	Mi ミ	Mu ム	Me メ	Mo モ
Ya	Ya ヤ	I イ	Yu ユ	Ye エ	Yo ヨ
Ra	Ra ラ	Ri リ	Ru ル	Re レ	Ro ロ
Wa	Wa ワ	Wi ヰ	U ウ	We ヱ	Wo ヲ
N	N ン				

50 ON (Les 50 Sons) Hira—Kana

	A	I	U	E	O
A	あ	い	う	え	お
Ka	Ka か	Ki き	Ku く	Ke け	Ko こ
Ga	Ga が	Gi ぎ	Gu ぐ	Ge げ	Go ご
Sa	Sa さ	Shi し	Su す	Se せ	So そ
Za	Za ざ	Ji じ	Zu ず	Ze ぜ	Zo ぞ
Ta	Ta た	Chi ち	Tsu つ	Te て	To と
Da	Da だ	Ji ぢ	Dzu づ	De で	Do ど
Na	Na な	Ni に	Nu ぬ	Ne ね	No の
Ha	Ha は	Hi ひ	Fu ふ	He へ	Ho ほ
Ba	Ba ば	Bi び	Bu ぶ	Be べ	Bo ぼ
Pa	Pa ぱ	Pi ぴ	Pu ぷ	Pe ぺ	Po ぽ
Ma	Ma ま	Mi み	Mu む	Me め	Mo も
Ya	Ya や	I い	Yu ゆ	Ye え	Yo よ
Ra	Ra ら	Ri り	Ru る	Re れ	Ro ろ
Wa	Wa わ	Wi ゐ	U う	We ゑ	Wo を
N	ん				

pris pour équivalent phonétique d'une syllabe japonaise telle que *ka, se* ou *no*. Il s'agissait donc plutôt d'un syllabaire que d'un alphabet. Le plus souvent les syllabes japonaises se terminaient, comme de nos jours, par l'une des cinq voyelles fondamentales, *a, e, i, o, u,* un peu à la manière de l'italien.

Cet alphabet phonétique ou *kana* * n'était pourtant pas si simple qu'il y paraissait. Il comportait deux graphies différentes des idéogrammes chinois. Une graphie cursive ou *hiragana* * opérait une stylisation des caractères chinois. C'est ainsi que l'idéogramme chinois 奴 qui signifie « esclave » était simplifié en 𡚴 dans le syllabaire *hiragana* et correspondait au son *nu*. Une seconde graphie, plus calligraphique ou *katakana* *, ne conservait de l'idéogramme chinois que quelques barres et quelques points qui gardaient la valeur phonétique de l'ensemble; c'est ainsi que de l'idéogramme chinois précité correspondant au mot « esclave », le syllabaire *katakana* ne retenait que le premier élément ヌ qui représentait également le son *nu*. Une autre source de difficulté provenait du fait que pendant longtemps le choix des abréviations de chaque idéogramme était laissé à l'arbitraire de chacun. Il existait donc plusieurs abréviations simultanées pour une seule et même syllabe!... Il faudra attendre le XIXᵉ siècle pour que les deux graphies *hiragana* et *katakana* soient standardisées. Aujourd'hui encore, dans la correspondance quotidienne, on utilise couramment différentes variantes des *kana*.

Première floraison d'une littérature nationale.

D'un usage certes moins commode que l'alphabet, les syllabaires japonais apportaient cependant une solution au problème longtemps insurmonté de l'écriture. Ils permirent à une littérature autochtone de se développer. Même au plus fort de la vague d'influence chinoise, les Japonais avaient gardé l'habitude d'écrire des poèmes dans leur propre langue en utilisant comme symboles phonétiques les idéogrammes chinois non abrégés. Une anthologie établie vers 760 avait rassemblé 4 516 de ces poèmes sous le titre de *Manyoshu* ou *Recueil des dix mille feuilles.* La simplification du système de transcription donna un essor nouveau à la poésie. Les courtisans et les dames de la cour se piquèrent de versifier et appliquèrent à leurs lettres d'amour les règles de la métrique. En 905, les meilleurs de leurs poèmes furent regroupés à la demande de l'empereur dans le *Kokinshu* ou *Recueil des poèmes anciens et modernes;* une vingtaine d'anthologies semblables furent établies au cours des cinq siècles suivants.

La plupart de ces poèmes — les *tanka* * — ne comportaient que 31 syllabes disposées selon un rythme déterminé. Ils ne pouvaient dans leur brièveté avoir d'autre ambition que d'évoquer un paysage naturel, ou, au détour d'une phrase, restituer l'évanescence d'une impression ou la fugacité d'un état d'âme. Témoignant d'une délicate sensibilité littéraire, ils excellaient à traduire les plus subtiles nuances d'une émotion.

Le nouveau graphisme favorisa le développement des genres littéraires les plus variés. Au Xᵉ siècle, les récits, les journaux de voyage et les essais se multiplièrent. Ces œuvres composées dans une langue très pure se signalaient par leur haute qualité littéraire; pourtant la plupart des lettrés japonais se refusaient, comme ceux de l'Occident médiéval, à écrire dans leur langue maternelle réputée vulgaire. Tous les ouvrages d'histoire, les essais et les documents officiels étaient rédigés en chinois. Seules les dames de la cour impériale qui connaissaient trop mal le chinois pour s'y exprimer correctement, se voyaient réduites à composer en japonais. On en arriva au paradoxe d'une société où les hommes s'évertuaient à écrire en mauvais chinois, tandis que leurs compagnes, moins cultivées, écrivaient en excellent japonais, jetant ainsi les bases d'une littérature authentiquement nationale.

La fin du Xe et le début du XIe siècle furent l'âge d'or de la prose japonaise. Le ton fut donné par les dames de la cour confinées dans une existence indolente mais raffinée. Leur genre favori était le journal intime, souvent émaillé de brefs poèmes destinés à perpétuer les moments d'intense émotion. Ces journaux comprenaient quelques récits de voyage, mais s'attachaient surtout à restituer la magnificence des cérémonies de la cour impériale et le climat de libertinage galant des mœurs aristocratiques. Cependant, l'œuvre la plus remarquable de cette époque n'est pas un journal intime, mais un roman-fleuve : *le Roman de Genji*. Dû à la plume d'une dame d'honneur nommée Murasaki, il date du début du XIe siècle et relate les aventures amoureuses et les états d'âme d'un prince imaginaire. Prototype magistral d'un genre littéraire nouveau, *le Roman de Genji* reste un des chefs-d'œuvre incontestés de la littérature mondiale. Les journaux intimes et les romans sont les premiers témoignages d'une culture nationale japonaise, dans la mesure où leur style et leur composition sont sans équivalent dans la littérature chinoise. Ils attestent que les Japonais ont su se dégager des modèles continentaux et jeter les bases d'un art littéraire conforme à leurs propres canons esthétiques.

On peut se demander pourquoi les Japonais continuent à s'embarrasser d'une multitude d'idéogrammes chinois mille ans après avoir découvert un système de transcription phonétique adéquat. L'explication tient au prestige persistant de la Chine. Les hommes instruits conservèrent l'habitude d'écrire en chinois. Mais comme les liens avec le continent se distendaient de plus en plus, ils perdirent peu à peu la pratique de la langue et mêlèrent aux caractères chinois certains éléments de *kana* *. Simultanément, d'autres auteurs qui écrivaient en *kana* prirent l'habitude de.parsemer leurs textes d'idéogrammes chinois. Ces deux tendances opposées aboutirent au système d'écriture hybride du japonais moderne. Les noms et les radicaux des verbes et des adjectifs y sont représentés au moyen d'idéogrammes chinois tandis que les flexions et tous les éléments intranscriptibles sous forme d'idéogrammes, sont écrits en *kana*.

L'extrême complexité de ce système d'écriture fut encore aggravée par d'autres facteurs. En premier lieu, les idéogrammes chinois utilisés au Japon venaient de provinces chinoises où coexistaient en général différents dialectes locaux. Dès lors, le même idéogramme chinois pouvait se prononcer en japonais de plusieurs manières différentes dont aucune ne se rapprochait des prononciations dialectales chinoises d'origine. D'autre part, chaque idéogramme chinois désignait à la fois un mot chinois et tous les mots japonais de sens équivalent mais de morphologie différente. C'est un peu comme si l'on utilisait en français le symbole chinois 水, qui.représente « l'eau » à la fois pour écrire le mot « eau » dans « moulin à eau » et la racine « aqua » dans aquatique. Enfin, un même caractère chinois pouvait avoir une multiplicité d'équivalents japonais. Par exemple, le mot chinois *shang* que l'on écrit 上 correspond indifféremment aux mots japonais *ue, kami, agaru, ageru* et *noboru* pour ne citer que les plus courants; et tous ces termes ont une signification différente!

Cette coexistence du système. d'écriture chinois et d'une pluralité de lectures possibles d'un même idéogramme expliquent que chaque ligne de japonais moderne pose au lecteur une série d'énigmes et d'épineux problèmes de déchiffrement et d'interprétation. La complexité du système d'écriture japonais n'a aucun équivalent au monde. Elle a été un handicap considérable au développement technique et intellectuel du pays.

Le seul remède consisterait à abandonner les idéo-grammes chinois pour revenir au système de transcription phonétique utilisé aux environs de l'an mille, ou mieux encore, pour adopter l'alphabet latin. On imagine les diffi-cultés d'une telle réforme. Les Japonais ont en effet emprunté aux Chinois des dizaines de milliers de termes techniques et scientifiques; ils ont aussi forgé de nouveaux termes par juxtaposition de plusieurs idéogrammes chinois qu'ils prononcent à la chinoise. Pour comble de difficulté, beaucoup de mots japonais empruntés au chinois sont homophones; n'importe quel dictionnaire courant recense au moins vingt mots différents tirés du chinois qui se pro-noncent tous *kōkō*! et une liste exhaustive des termes scientifiques en comporterait sans doute plusieurs douzaines supplémentaires. Bien des termes scientifiques ne peuvent donc être compris à la simple audition, à moins d'avoir sous les yeux l'idéogramme qui leur correspond. Si l'on devait un jour abandonner les idéogrammes chinois, il faudrait opérer une refonte totale du vocabulaire technique et scientifique japonais. On devrait forger de toutes pièces des mots nouveaux soit à partir des racines japonaises existantes, soit à partir des langues occidentales. Pourtant il ne fait aucun doute qu'à terme, une réforme linguistique de ce type ne pourrait être que bénéfique, en dépit des diffi-cultés qu'elle ne manquerait pas de soulever.

Le réveil national qui s'était d'abord manifesté dans les lettres, affecta aussi la peinture, la sculpture et l'architec-ture. Parallèlement, les institutions politiques et les concep-tions sociales se transformèrent radicalement, au point de perdre toute ressemblance avec les modèles chinois d'origine.

Déliquescence administrative et fraude fiscale.

Le personnage clé de la vie politique chinoise était le bureaucrate lettré, également habile à manipuler les rouages complexes de l'administration centrale et à sillonner les provinces pour recouvrer l'impôt et assurer le maintien de l'ordre. Le système chinois absorbait des milliers de fonctionnaires; la sélection des hommes destinés à occuper les postes de commandement revêtait l'importance d'une affaire d'Etat. Les concours de recrutement qui se déroulaient à l'université de Tch'ang-ngan, portaient principalement sur les matières littéraires. Les meilleurs candidats accédaient aux plus hautes responsabilités sans distinction d'origine. Les couches cultivées de la société sécrétaient une élite administrative animée par la passion du service public.

Les Japonais ne retinrent que la façade du système chinois. Leur solide tradition de loyauté familiale et d'hérédité du statut social était incompatible avec le principe de la sélection par concours. Sans doute, créèrent-ils une université centrale où étaient enseignés les classiques chinois en vue des concours de recrutement. Mais rares furent les candidats dépourvus d' « appuis » qui parvinrent à accéder aux postes de responsabilité. Dans les provinces, l'autorité nominale appartenait aux membres de l'aristocratie locale investis de fonctions administratives illusoires. La réalité du pouvoir était en fait aux mains des princes de la cour qui détenaient les principaux leviers de commandement et abandonnaient volontiers les postes subalternes aux fonctionnaires recrutés par concours.

Le gouvernement chinois avait toujours combattu l'évasion fiscale des paysans qui parvenaient à se faire exempter d'impôts grâce à l'entremise de grandes familles provinciales bien placées à la cour. Cette pratique sévissait plus intensément encore au Japon où aucune tradition bureaucratique ne protégeait les intérêts de l'Etat. Sous couvert de ses responsabilités administratives, l'aristocratie locale s'entendait avec les princes de la cour pour se partager les dépouilles du domaine impérial. Le système de redistribution des terres de l'Etat n'avait jamais fonctionné dans les régions reculées. Au cours des VIIIᵉ et IXᵉ siècles, il régressa rapidement dans la région centrale. Des notables locaux s'approprièrent, souvent par des procédés illégaux, des terres exonérées d'impôts, tandis que les aristocrates de la cour se taillaient de vastes domaines en rétribution de leurs services ou à force d'intrigues.

Ainsi, au moment même où la petite noblesse locale cherchait à s'affranchir de l'emprise des agents du fisc, les familles aristocratiques de la cour et les grands monastères obtenaient des domaines francs sur lesquels il leur fallait placer des intendants ou des régisseurs. Les intérêts des uns et des autres convergeaient. Les princes de la cour et les dignitaires religieux qui résidaient à la capitale conférèrent à la noblesse locale l'administration de leurs domaines. Ainsi s'ébaucha un système de tenures * à deux degrés : les paysans versaient en échange du droit de cultiver la terre une large fraction de leur récolte aux aristocrates locaux; ceux-ci à leur tour en reversaient une partie aux princes de la cour et aux représentants des fondations bouddhiques, en contrepartie de la protection qu'ils leur accordaient.

Du VIIIᵉ au Xᵉ siècle, les domaines francs se multiplièrent au détriment du domaine impérial qui finit par disparaître totalement. Dès lors, les rentrées fiscales qui constituaient la base du système d'administration à la chinoise se trouvèrent pratiquement réduites à néant. Les services administratifs décentralisés, déjà mal implantés, dépérirent presque complètement. Bientôt, ne subsistèrent que des titres solennels mais vides comme ceux de gouverneurs ou de vice-gouverneurs provinciaux. L'administration centrale elle-même perdit l'essentiel de ses pouvoirs; dépourvue de moyens de fonctionnement, dépossédée d'une partie de ses anciennes attributions et occupant un personnel restreint, elle se réduisait à un organigramme de pure façade. Les grands de la cour continuaient d'arborer des titres prestigieux et se montraient sourcilleux quant aux préséances et aux questions d'étiquette. Mais le système complexe des huit ministères spécialisés (cf. schéma p. 37) devenu sans objet, fut abandonné et remplacé par une structure gouvernementale simplifiée.

Ces diverses transformations entraînèrent la disparition de toute forme de centralisation. Chaque domaine, désormais libéré des interventions des agents du fisc et des fonctionnaires de l'Etat, s'érigea en unité politique et économique autonome. Le seul contact avec le monde extérieur était le versement de l'impôt aux familles princières de la cour et aux fondations bouddhiques. De puissants personnages civils ou religieux recueillaient ainsi les anciens pouvoirs régaliens du gouvernement impérial. Véritable Etat dans l'Etat, ils exerçaient pour leur propre compte les fonctions jadis dévolues à l'empereur.

La famille impériale, bien qu'elle conservât un grand prestige en raison de son rôle politique passé et de sa magistrature religieuse persistante, se distinguait de moins en moins des autres familles princières. Exerçant un pouvoir nominal sur un gouvernement de fantoches, elle ne contrôlait plus que son propre domaine et devait pour sa subsistance compter davantage sur les ressources qu'il lui fournissait que sur le système fiscal. Elle en vint même à perdre le contrôle de ses affaires personnelles le jour où les Fujiwara eurent réussi, à force d'intrigues politiques, à circonvenir entièrement la cour.

L'ascension des Fujiwara.

Les différentes branches de la famille Fujiwara descendaient toutes du grand seigneur de la cour qui avait fomenté le coup d'État sinophile de 645 [1]. Les Fujiwara avaient peu à peu établi leur contrôle sur de vastes domaines répartis sur l'ensemble du pays. Ils en tiraient des revenus supérieurs à ceux de n'importe quelle autre famille aristocratique, y compris la famille impériale elle-même. Par une habile politique matrimoniale, ils avaient réussi à s'infiltrer jusque dans les rangs de la famille impériale dont ils avaient fini par usurper le pouvoir. Leur procédé favori consistait à marier leurs filles aux jeunes empereurs qui, harassés par leur double charge de souverain et de chef religieux, se laissaient aisément convaincre d'abdiquer dès qu'un de leur fils était en âge de présider au cérémonial de la cour. Le trône revenait alors à l'impératrice douairière, une Fujiwara, dont le propre père pouvait alors, en sa qualité de grand-père d'un empereur mineur, tirer toutes les ficelles du gouvernement.

Cette tactique permit aux Fujiwara d'exercer sur la famille impériale un ascendant absolu dès le milieu du IXᵉ siècle. A partir de cette époque, on prit l'habitude de nommer, pendant la minorité des empereurs, des régents Fujiwara. Lorsque le souverain devenait adulte, le régent prenait le titre de « régent de majorité » ou *kampaku* *. Au cours des IXᵉ et Xᵉ siècles, les fonctions de régent et de *kampaku,* comme d'ailleurs le poste de grand chancelier et la plupart des charges gouvernementales, étaient attribués héréditairement aux membres de la famille Fujiwara. A partir du Xᵉ siècle, l'emprise des Fujiwara était devenue si absolue que les deux derniers tiers de l'ère Heian

1. Cf. *supra,* p. 35.

sont ordinairement désignés sous le nom de période Fujiwara. Non contents d'évincer politiquement les empereurs, les Fujiwara s'érigèrent en arbitres du goût et des élégances à la cour impériale. Il est significatif que la figure dominante de l'ère Heian ne soit ni un empereur ni un prince, mais Fujiwara Michinaga qui domina la vie de la cour entre 995 et 1027, à l'époque où la dame Murasaki écrivait *le Roman de Genji*.

A la fin du XIe siècle, un empereur énergique parvint à ressaisir le contrôle de la cour; à plusieurs reprises des empereurs retirés du pouvoir réaffirmèrent ainsi vis-à-vis des Fujiwara l'autorité impériale dont, il est vrai, les prérogatives devenaient de plus en plus formelles. Malgré ces réactions sporadiques d'empereurs isolés, les Fujiwara réussirent à maintenir leur domination sur la cour pendant exactement un millénaire. Sous des patronymes variés, les différentes branches de la famille conservèrent le monopole du pouvoir jusqu'au grand bouleversement politique de la seconde moitié du XIXe siècle. Il fallait être au Japon pour que la domination aussi prolongée d'une même famille n'aboutisse pas à l'usurpation du trône. L'autorité morale de l'empereur à la fois chef dynastique et chef religieux du pays, excluait la possibilité d'un pur et simple coup d'Etat. Les Fujiwara préférèrent laisser subsister un empereur fantoche dont ils détenaient en réalité tous les pouvoirs. C'est d'ailleurs une des constantes de l'histoire japonaise qui ne manque pas de dérouter l'observateur peu averti : les hommes titulaires du pouvoir deviennent souvent au Japon les jouets d'un groupe agissant en coulisse.

4

Le Japon féodal

Les Fujiwara tinrent le devant de la scène pendant les Xᵉ et XIᵉ siècles. Ils présidèrent à une ère de brillantes productions littéraires et artistiques tandis que d'autres, dans la coulisse, préparaient les nouveaux actes du drame. En effet, au moment même où les aristocrates de la capitale jetaient les bases d'une civilisation originale, la vie politique et économique du pays commençait à leur échapper. Pendant qu'ils consacraient toute leur énergie aux arts, à la poésie, au libertinage et à l'étiquette de la cour, les seigneurs des provinces acquéraient l'expérience pratique des affaires, géraient avec soin leurs domaines et apprenaient à se passer des directives de la capitale. Alors que les princes efféminés de la cour de Kyoto cultivaient une littérature et un art qui allaient faire la fierté des générations futures, leurs cousins mal dégrossis du Japon rural faisaient surgir les bases d'une société nouvelle.

La période Fujiwara, marquée par le déclin des institutions d'inspiration chinoise et par l'affaiblissement du pouvoir central, laisse l'image d'une période de décadence politique. Pourtant, la rapide désagrégation du pouvoir impérial trouve une contrepartie dans les progrès de la noblesse provinciale qui, après être restée longtemps à l'écart du mouvement d'idées venu du continent, accède aux responsabilités politiques. Tout se passe comme si la pénétration des valeurs et des pratiques chinoises s'était opérée en deux temps, la capitale étant atteinte la première et la province seulement à partir du Xᵉ ou du XIᵉ siècle.

Par contrecoup, les structures mêmes de la société s'en trouvent affectées et transformées.

Les guerres féodales : Taïra contre Minamoto.

Le personnage central de cette société nouvelle sera, comme dans l'organisation clanique préchinoise, le guerrier à cheval. A l'origine, sa fonction consistait à assurer la défense de son clan. Désormais, il est intendant d'un domaine franc et emploie ses talents équestres à pourchasser les maraudeurs. Habile à manier l'arc et le sabre, revêtu d'une ample armure faite de bandelettes métalliques maintenues par des lanières de cuir de couleurs vives, il n'est pas sans rappeler le chevalier de l'Europe médiévale.

Les féodaux japonais doivent allégeance aux grandes familles de la cour et aux monastères de la région centrale qui possèdent la terre. Cette relation de dépendance, née d'un besoin de protection vis-à-vis des percepteurs impériaux, ne leur est d'aucun secours contre les attaques des ennemis locaux. Pour faire face à ces derniers, il leur faut à tout prix s'assurer le concours de chevaliers amis. Tout naturellement, se constituent entre guerriers des cliques militaires de protection mutuelle. Fondées sur des intérêts communs, des liens matrimoniaux, des relations d'amitié ou encore sur le prestige de quelque guerrier particulièrement valeureux, ces chevaleries se multiplient surtout dans l'est de l'archipel. Là, plus que partout ailleurs, une défense commune s'impose en raison du grand nombre de domaines situés dans le Kanto autour de la capitale, mais surtout pour faire face aux incessantes incursions des Aïnu venant du nord de Honshu.

Tout au long du Xe et du XIe siècle, on voit des groupes de chevaliers provinciaux s'opposer au cours de guérillas et d'incessants affrontements. L'histoire traditionnelle pré-

sente souvent ces conflits comme des révoltes contre l'autorité de l'empereur; cette analyse tient au fait que le gouvernement central apportait généralement son appui à
l'une des factions rivales. En vérité, les chevaliers des
provinces étaient peu attirés par les postes politiques de
la cour de Kyoto. Ils préféraient n'avoir aucun rapport
avec le gouvernement central tant que celui-ci ne venait
pas s'immiscer dans la gestion de leurs domaines, dans
leurs relations avec les paysans ou dans les conflits qui
opposaient plusieurs clans d'une même province.

De temps à autre, les grands seigneurs de la cour faisaient venir à la capitale des guerriers provinciaux. Ne
pouvant compter sur leurs propres talents militaires, ils
les appelaient soit pour défendre leurs intérêts, soit pour
se débarrasser de leurs rivaux à la cour, soit encore pour
se protéger contre les incursions des monastères bouddhiques de la région centrale. Ces derniers tentaient d'imposer
leur volonté à une cour pusillanime par de vastes déploie-
ments de soldats et de reliques sacrées. A d'autres
moments, on faisait appel aux chevaliers pour régler par
l'action ou la dissuasion les conflits de succession impériale ou les querelles internes de la famille Fujiwara. Vers
le milieu du xiie siècle, ces conflits successoraux provoquèrent des affrontements sérieux entre les deux principaux
clans de l'époque, soutenus chacun par une des deux factions antagonistes de la cour impériale. Il s'agissait du clan
Minamoto * établi dans le Kanto et du clan Taïra * dont
les domaines s'étendaient sur le pourtour de la Mer intérieure. Ces deux familles prétendaient descendre de branches cadettes de la famille impériale que le malheur des
temps et l'érosion continuelle des rentrées fiscales avaient
contraintes à se replier en province. Là, elles s'étaient
mêlées à l'aristocratie locale et le prestige de leurs origines
impériales leur avait assuré sur cette dernière une facile
prépondérance.

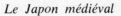
Le Japon médiéval

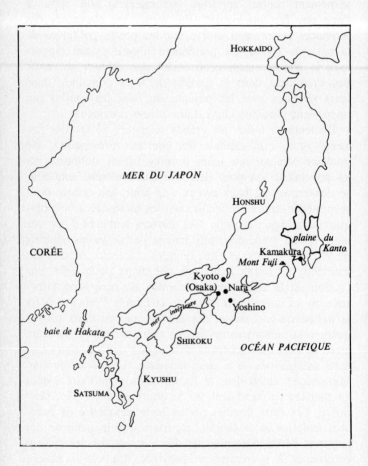

HOKKAIDO

MER DU JAPON

HONSHU

CORÉE

plaine du Kanto

Kamakura
Mont Fuji ▲

Kyoto
(Osaka) • • Nara

mer intérieure

• Yoshino

baie de Hakata

SHIKOKU

OCÉAN PACIFIQUE

KYUSHU

SATSUMA

Les Taïra l'emportèrent sur les Minamoto à l'issue de deux courtes guerres en 1156 et au cours de l'hiver 1159-1160. Le chef militaire du clan victorieux, Taïra Kiyomori, comprit qu'il disposait de la plus puissante force armée du pays et qu'il tenait l'empereur et la cour à sa merci. A la consternation des courtisans, il vint s'installer avec ses hommes liges à Kyoto pour mieux tenir la cour en lisière. Il prit alors le titre de grand chancelier et adopta la politique matrimoniale des Fujiwara; il maria sa propre fille à l'empereur de manière à avoir un petit-fils sur le trône.

En s'installant à Kyoto, Kiyomori et ses hommes de confiance se muèrent en courtisans. Ils virent alors leurs vassaux leur échapper peu à peu. Ces derniers, restés sur leurs domaines provinciaux, supportaient de moins en moins l'autorité de suzerains que la vie de cour rendait méconnaissables à leurs yeux. Dans le même temps, les régisseurs des domaines situés dans l'est de l'archipel constituèrent un nouveau clan autour de Minamoto Yoritomo; ce dernier, qui descendait des Minamoto, mit au défi la suprématie des Taïra. Au cours d'une guerre acharnée qui dura de 1180 à 1185, il chassa les Taïra de la capitale, les repoussant vers la Mer intérieure pour les écraser finalement dans une mémorable bataille navale. Les principaux chefs Taïra furent assassinés ou se suicidèrent. Le jeune empereur, qui était le petit-fils de Kiyomori, périt avec ses proches.

Un nouveau pouvoir: le shogunat de Kamakura.

Minamoto Yoritomo, tirant la leçon des erreurs des Taïra, délaissa la cour de Kyoto et s'installa à Kamakura, petite ville côtière du Kanto, située à proximité des domaines de son clan. Selon une méthode bien japonaise, il laissa aux empereurs et aux Fujiwara les apparences du pouvoir. Aux hommes qui l'avaient bien servi, il ne confia pas de fonctions gouvernementales mais l'intendance de domaines confisqués aux Taïra. En 1192, il prit le titre de *shogun* *, c'est-à-dire « généralissime ». Il laissait ainsi subsister volontairement la fiction que le pouvoir appartenait à l'empereur et au gouvernement civil; alors qu'il pouvait disposer à son gré des forces armées, il donnait l'impression d'avoir reçu de l'empereur une simple délégation du pouvoir militaire. En réalité, Kamakura devint la véritable capitale politique et abrita le premier gouvernement militaire du pays que les Japonais désignent par les termes de shogunat ou *bakufu* *.

Le shogunat de Kamakura n'avait rien d'un gouvernement national. Il ne visait qu'à encadrer quelques bandes de chevaliers ayant déclaré personnellement allégeance à la famille Minamoto. Simple gouvernement familial, il regroupait en une association assez lâche divers clans unis par d'anciennes solidarités, par la force de l'amitié ou par les liens du sang.

Trois nouveaux organes de gouvernement furent institués sous l'autorité directe du shogun : un état-major général chargé des intérêts militaires des membres du clan, un bureau des affaires administratives et une Haute Cour de justice. Cette dernière disait le droit en s'appuyant sur un ensemble de coutumes apparues progressivement au cours des deux siècles précédents, coutumes que le gouvernement fit transcrire sous forme de codes. L'administration provinciale fut réduite à sa plus simple expression. Elle était aux mains des chevaliers eux-mêmes qui, en leur qualité de « gouverneurs domaniaux » ou *jito* *, géraient librement leurs domaines tandis que des « protecteurs militaires » ou *shugo* * veillaient dans chaque province à l'organisation de la défense.

Par une sorte de paradoxe, le régime établi par Mina-

LE SHOGUNAT SOUS LES MINAMOTO

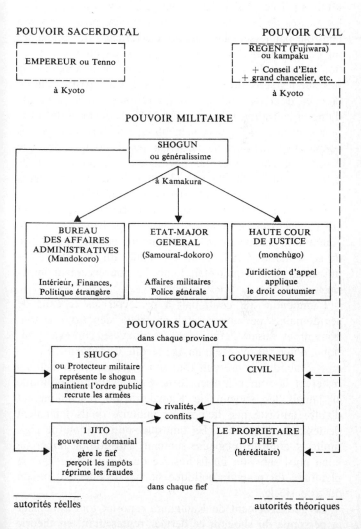

POUVOIR SACERDOTAL

EMPEREUR ou Tenno

à Kyoto

POUVOIR CIVIL

REGENT (Fujiwara)
ou kampaku

+ Conseil d'Etat
+ grand chancelier, etc.

à Kyoto

POUVOIR MILITAIRE

SHOGUN
ou généralissime

à Kamakura

BUREAU
DES AFFAIRES
ADMINISTRATIVES
(Mandokoro)

Intérieur, Finances,
Politique étrangère

ETAT-MAJOR
GENERAL
(Samouraï-dokoro)

Affaires militaires
Police générale

HAUTE COUR
DE JUSTICE
(monchùgo)

Juridiction d'appel
applique
le droit coutumier

POUVOIRS LOCAUX

dans chaque province

1 SHUGO
ou Protecteur militaire
représente le shogun
maintient l'ordre public
recrute les armées

1 GOUVERNEUR
CIVIL

rivalités,
conflits

1 JITO
gouverneur domanial
gère le fief
perçoit les impôts
réprime les fraudes

LE PROPRIETAIRE
DU FIEF
(héréditaire)

dans chaque fief

autorités réelles

autorités théoriques

moto qui devait à l'origine s'occuper uniquement des affaires privées des membres du clan, en vint à régir toutes les classes de la société. La nation entière passa sous son contrôle par le seul fait que les gouverneurs des domaines lui étaient soumis. Ceux-ci occupaient en effet une position clé dans la société car leur ascendant s'exerçait à la fois sur les serfs de leurs domaines et sur l'aristocratie de la cour dont ils contrôlaient les revenus. Sous la façade d'une organisation privée, le régime de Kamakura devint le plus centralisé des gouvernements que le Japon ait jamais connu. Les citoyens ne tardèrent pas à comprendre que Kamakura était le centre névralgique du pouvoir et ils prirent tout naturellement l'habitude d'adresser leurs requêtes au *bakufu* plutôt qu'à la cour impériale.

Lorsqu'en 1221, un empereur qui acceptait mal d'avoir été évincé, osa se soulever contre le pouvoir de fait de Kamakura, les cohortes de Minamoto eurent vite raison de sa témérité. Cet incident est significatif de l'état d'impuissance dans lequel était tombé le gouvernement impérial.

L'empereur qui continuait à percevoir les revenus de ses domaines personnels, était en réalité dépourvu de tout pouvoir et faisait l'effet, dans ce nouveau contexte politique, d'une survivance d'un âge révolu. Cependant, le principe d'hérédité conservait tout son prestige; les empereurs restèrent la source indiscutée de toute légitimité politique et jamais les shogun de Kamakura ne revendiquèrent d'autre autorité que le pouvoir militaire qu'ils feignaient de tenir de l'empereur. En tant que source ultime de légitimité et autorité religieuse suprême, l'institution impériale allait ainsi subsister au frontispice du régime avant que la plénitude du pouvoir politique ne lui revienne au milieu du XIXe siècle.

Le gouvernement de Kamakura reposait tout entier sur la personne du shogun; ce dernier représentait, en théorie

LES DÉLÉGATIONS SUCCESSIVES DU POUVOIR SOUS LES RÉGENTS HOJO

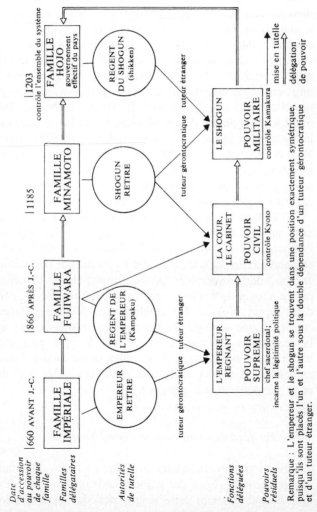

Remarque : L'empereur et le shogun se trouvent dans une position exactement symétrique, puisqu'ils sont placés l'un et l'autre sous la double dépendance d'un tuteur gérontocratique et d'un tuteur étranger.

du moins, le seul principe de cohésion du régime, étant assuré de la loyauté personnelle que lui avaient jurée les membres de son clan. Le rôle du shogun déclina bientôt mais le régime survécut, révélant son étonnante capacité d'adaptation. Le premier shogun Yoritomo était d'un tempérament jaloux; il s'était débarrassé de son frère cadet, principal artisan de la défaite des Taïra, et s'était arrangé pour écarter les autres membres de sa famille. Après sa mort en 1199, les rivalités de ses descendants, attisées par sa belle-famille — des Hojo * de souche Taïra —, aboutirent à l'élimination de ses héritiers. En 1219 un assassinat interrompit la lignée des Minamoto. Les Hojo s'emparèrent alors du pouvoir, en se contentant, selon une tradition bien japonaise, du titre de « régent * »; ils gouvernèrent le pays par l'intermédiaire de shogun fantoches choisis d'abord chez les Fujiwara puis dans la famille impériale.

Après tant de vicissitudes, la vie politique japonaise faisait, au XIIIᵉ siècle, l'effet d'un étrange jeu de figurants : l'empereur se trouvait sous la dépendance d'un ancien empereur retiré et sous celle des Fujiwara qui contrôlaient en sous-main un cabinet fantoche manipulé de l'extérieur par le shogun qui n'était lui-même que l'homme de paille d'un régent Hojo...! La conduite des affaires paraissait confiée à une série de doublures dont aucune ne détenait la réalité du pouvoir. L'observateur le plus perspicace aurait pu se représenter la vie politique japonaise comme un jeu de paravents ou comme un interminable emboîtement de personnages gigognes.

Société féodale et littérature chevaleresque.

Les triomphes successifs des Taïra et des Minamoto inaugurèrent le règne des grands féodaux qui allait durer huit siècles. Pendant cette longue période, les institutions politiques, les structures sociales et les systèmes de valeurs connurent la même évolution qu'en Europe occidentale. Au Japon comme en Europe la féodalité naquit de la convergence de trois éléments : les anciens principes de centralisation impériale, les vieilles traditions primitives d'organisation semi-tribale et les réseaux de fidélités personnelles. En Europe les deux principales composantes du mélange furent la centralisation romaine et l'organisation tribale germanique; au Japon, ce furent les institutions empruntées à la Chine des T'ang et l'organisation sociale primitive fondée sur les *uji* *. L'histoire comparée montre que la rencontre de ces deux éléments ne se retrouve nulle part ailleurs.

L'expérience féodale japonaise se distingue cependant de celle des pays européens sur deux points. En premier lieu, les institutions féodales semblent avoir évolué plus lentement au Japon qu'en Occident; sans doute est-ce une conséquence de la politique de claustration qui, pendant de longues années, a mis l'archipel à l'abri des pressions extérieures. Le régime de Kamakura n'est d'ailleurs pas purement féodal dans la mesure où il laisse subsister l'institution impériale et confie aux seigneurs de la cour la propriété nominale des domaines provinciaux. Ce n'est que vers la fin du XVᵉ siècle que les institutions politiques et le système foncier japonais se rapprochent définitivement du régime féodal tel qu'il existe en Europe depuis le XIIᵉ siècle. La féodalité *stricto sensu* connaît une carrière aussi brève dans l'archipel qu'en Europe. Mais le Japon devait conserver une structure quasi féodale jusqu'au milieu du XIXᵉ siècle, longtemps après que les sociétés les plus évoluées d'Europe occidentale y aient renoncé.

La seconde différence tient au statut des individus. La féodalité européenne, sous l'influence du droit romain, privilégiait les relations contractuelles entre des individus liés par une réciprocité de devoirs et d'obligations personnelles.

Rien de tel dans la féodalité japonaise qui affirmait surtout le primat des valeurs morales. Les Chinois avaient accrédité l'idée que l'éthique doit l'emporter sur le droit, particulièrement en matière politique. Pour eux, bien gouverner était affaire de conscience personnelle; la rectitude morale des fonctionnaires leur semblait une meilleure garantie que l'application scrupuleuse et systématique de la loi. De même, dans le Japon féodal, les prescriptions imposées par le statut individuel étaient conçues en termes de devoir moral plutôt qu'en termes d'obligation juridique et s'imposaient dès lors comme des absolus. Mais à partir du moment où l'autorité et la loyauté se trouvaient érigées en valeurs suprêmes, les idées de séparation des pouvoirs, de droits inaliénables ou d'assemblées représentatives apparues en Occident au déclin de la féodalité, avaient peu de chances de trouver quelque écho au Japon.

Par sa durée même, la période féodale devait laisser au Japon une empreinte perceptible jusqu'à nos jours. Son influence se retrouve dans les solides traditions militaires nippones que l'on verra réaffleurer à la fin du XIXᵉ siècle et dans les années 1930. Avant la Seconde Guerre mondiale, la plupart des Japonais reconnaissaient aux militaires une intégrité et un désintéressement supérieurs à ceux des civils et préféraient voir des officiers accéder au pouvoir politique. Aujourd'hui encore, le paternalisme qui imprègne les relations sociales au Japon apparaît comme un vestige hérité de la période féodale.

Au XIIᵉ siècle, l'affirmation de l'aristocratie provinciale s'accompagne d'une mutation culturelle autant que politique. La littérature et l'art des deux siècles antérieurs étaient l'expression d'une vie culturelle étroitement circonscrite aux limites de la cour. A partir du XIIᵉ siècle, le mouvement culturel, sans renoncer à puiser dans les productions de cette période brillante, connaît un profond renouveau lié à la montée de la classe guerrière. Le che-

valier féodal possède son propre code de valeurs et d'attitudes. A l'hédonisme douillet des courtisans de Kyoto, il oppose un idéal de vie guerrière fondée sur la discipline personnelle, l'exaltation des vertus spartiates, l'ascèse physique et mentale. Il voue à son sabre un véritable culte que les officiers de la Seconde Guerre mondiale perpétueront au point de s'encombrer jusque dans les jungles de l'Asie du Sud-Est des longs glaives recourbés de leurs ancêtres. Pour le féodal nippon, la loyauté personnelle et les liens sacrés de la famille sont par essence inviolables. Le tempérament national japonais a emprunté à cet idéal chevaleresque deux de ses vertus essentielles : le mépris de la souffrance physique et de la mort et la fidélité indéfectible aux engagements souscrits.

La littérature reflète cette mentalité nouvelle. Le goût littéraire se porte désormais vers des récits guerriers émaillés d'actions héroïques que tout oppose aux journaux intimes et aux romans des dames de la cour. Ces récits chevaleresques, comme le *Heike Monogatari* ou *Histoire de la maison des Taïra,* ont généralement pour thème la rivalité des Taïra et des Minamoto. Le goût épique contribue également au développement de la peinture sur rouleaux entre le XI⁰ et le XIII⁰ siècle. Ces rouleaux peints retracent avec un remarquable sens du mouvement et une étonnante minutie dans l'observation, les grandes batailles de l'époque, la vie des saints bouddhistes ou l'histoire des grands monastères. On y trouve aussi des caricatures poétiques d'animaux que l'on attribue généralement au bonze Toba Sojo. Le plus beau de ces rouleaux peints représente *l'Incendie du palais Sanjo,* survenu au cours de la campagne d'hiver de 1159-1160; il est aujourd'hui conservé au musée des Beaux-Arts de Boston. Le XIII⁰ siècle se signale enfin par la brillante renaissance de la sculpture bouddhique qui égale en qualité les meilleures productions du VII⁰ et du VIII⁰ siècles.

La japonisation du bouddhisme : les sectes.

L'Eglise bouddhiste connaît à cette époque une mutation qui va lui donner le visage qu'elle conservera jusqu'à
nos jours. De nouvelles tendances apparaissent au sein du
bouddhisme au fur et à mesure que la culture et le savoir
se diffusent en dehors du cercle étroit de la cour. L'aristocratie provinciale, les citadins et la paysannerie s'affirment
comme de nouvelles forces sociales et font prévaloir leurs
conceptions religieuses. Ce renouveau bouddhique est en
outre étroitement lié à la reprise des échanges commerciaux
avec le continent. De nombreux monastères arment des
convois à destination de la Chine. Les bénéfices tirés de
ces expéditions servent à financer la construction de nouveaux établissements religieux. C'est ainsi qu'au XIIIᵉ et
au XIVᵉ siècles ont pu être érigés de nombreux temples ou
encore le célèbre *Daibutsu* ou grand Bouddha de Kamakura, qui date de la seconde moitié du XIIIᵉ siècle et passe
pour la plus imposante statue de bronze existant au monde.
À l'origine, le bouddhisme est une philosophie très
intellectualisée dont les cérémonies fastueuses et colorées
attirent surtout la haute société. À partir de l'époque T'ang,
l'accent est mis sur une vision du monde plus aimable qui
le rend accessible au peuple. Le bouddhisme, tel qu'il était
apparu en Inde, insistait sur la perversité humaine et la
vanité de l'existence. Tout espoir de promotion morale
était reporté dans l'au-delà. Se détachant de la vie, l'individu cherchait à éteindre en lui tout désir afin d'échapper
au cycle interminable des renaissances successives. Selon
la vie qu'il avait menée ici-bas, il pouvait espérer se
réincarner en des êtres plus ou moins évolués. L'homme
qui était parvenu à s'affranchir du désir et à s'abstraire du
monde matériel atteignait le *nirvana* *, état de dépassement

où l'être voyait son identité se dissoudre dans le cosmos.

Cette vision pessimiste du monde convenait mal aux différentes populations de l'Asie du Sud-Est généralement convaincues de la perfectibilité des institutions humaines tant dans le domaine familial que social et politique. Du bouddhisme, les Chinois ne retinrent que les cérémonies hautes en couleur, les pénétrantes œuvres littéraires, les délicates créations artistiques, la doctrine à vocation universaliste et la sérénité de la vie monastique; ils délaissèrent la philosophie originelle. Mais au prix d'une telle altération de ses valeurs fondamentales, le bouddhisme ne tarda pas à gagner les masses populaires tant chinoises que japonaises.

L'aspect le plus surprenant de ce renouveau fut la transformation du concept même de *nirvana*. Pour les hommes simples, il devint un paradis où les justes trouvaient une félicité éternelle, tandis qu'un enfer, qui n'avait rien à envier à celui de Dante, servait d'exil aux réprouvés. Des prédicateurs populaires, constatant que la perversité de leur siècle vouait à l'échec tout effort de purification et toute recherche de l' « illumination intérieure », se mirent à prêcher un salut fondé sur l'intervention des innombrables dieux et demi-dieux du panthéon bouddhique. Désormais, le salut individuel résida dans la foi et dans l'invocation du Bouddha; il cessa d'être recherché dans l'ascèse métaphysique ou dans la poursuite d'une conduite exemplaire.

Ces tendances se traduisirent par l'apparition au xe et au xie siècles de sectes nouvelles. Avant cette date, l'essentiel de l'activité des sectes bouddhiques consistait en d'érudites discussions théologiques ou métaphysiques. Les deux principales sectes, nées à l'époque de la fondation de Kyoto, se plaisaient à distiller une scolastique formaliste et désuète. Elles s'intitulaient *Shingon* *, c'est-à-dire secte de la Parole Vraie, et *Tendai* *. Cette dernière tirait son nom du haut lieu du bouddhisme situé sur le mont

Le grand bouddha (Daibutsu) de Kamakura.

T'ien-t'ai en Chine et avait son siège au mont Hiei qui
surplombe Kyoto. Le _Shingon_ et le _Tendai_ se caractéri-
saient par le goût des incantations magiques, des cérémonies grandioses et des représentations picturales de la théologie bouddhiste. Si les aristocrates de la cour se montraient
fort attachés aux liturgies de ces deux sectes, les couches
populaires et provinciales y étaient en revanche peu
sensibles.

Le _Tendai,_ avec sa philosophie universelle et englobante
qui incluait la croyance populaire au salut par la foi, fut
à l'origine de toutes les sectes nouvelles. La première fut
fondée en 1175 par le moine Honen et prit le nom de secte
de la Terre Pure ou _Jodoshu_ * que l'on pourrait traduire
approximativement par « secte du Paradis ». Comme bien
des mouvements de réforme religieuse, la secte ne tarda
pas à éclater. Un disciple de Honen, Shinran, créa en 1224
la Vraie secte de la Terre Pure ou _Shinshu_ * dont la popu-
larité éclipsa bientôt celle de toutes ses rivales. Entretenant
d'actives missions à l'étranger, elle devait demeurer jusqu'à nos jours la plus puissante Eglise bouddhiste du
Japon. Ces deux sectes furent la première expression nationale du sentiment religieux des couches populaires. Elles
gagnèrent les esprits les plus frustes grâce à leurs prédicateurs populaires qui parlaient un langage simple et
annonçaient un salut accessible à tous.

Shinran manifesta bientôt son opposition aux anciens
ordres monastiques trop inféodés à l'aristocratie intellectuelle. Il interdit la fondation de nouveaux monastères et
prêcha « l'égalité de tous au sein du bouddhisme ». Soucieux de rapprocher le clergé du peuple et de la vie quotidienne, il autorisa les prêtres à se marier; cette pratique
gagna peu à peu l'ensemble du clergé japonais. Un des
successeurs de Shinran entreprit de traduire en japonais les
textes bouddhiques rédigés en chinois classique d'un accès
souvent difficile. Il fonda aussi des groupes de discussion

qui allaient s'étoffer et former de puissantes congrégations laïques.

Ces communautés de fidèles devinrent pour les couches populaires de l'époque féodale un excellent moyen de formation culturelle. Certaines d'entre elles se transformèrent en véritables groupes de pression. C'est ainsi qu'en 1488, les communautés laïques de la Vraie secte de la Terre Pure n'hésitèrent pas à massacrer les seigneurs de deux provinces de la côte occidentale dont elles souhaitaient assurer elles-mêmes l'administration. Au XVIᵉ siècle, le grand temple fortifié de la secte, construit dans la cité marchande d'Osaka, fut capable de soutenir pendant dix années le siège du plus puissant des féodaux japonais.

En 1253, apparut une troisième secte populaire surnommée *Nichiren* * du nom du moine qui l'avait créée. Elle se signalait par le fanatisme religieux que ses adeptes avaient hérité de son bouillant fondateur et par le recours systématique aux prédicateurs ambulants. Nichiren, répudiant l'esprit habituellement pacifiste et tolérant du bouddhisme, se montrait un adversaire redoutable. De tempérament sectaire et hargneux, il accusait tous les autres mouvements de conduire les hommes à la damnation. Véritable Eglise combattante, sa secte croisa le fer plus d'une fois avec ses rivales. Incarnant mieux que personne la turbulence féodale, Nichiren afficha un nationalisme intransigeant par réaction contre le pacifisme officiel du bouddhisme. Considérant son pays comme la terre bénie des dieux et le centre de l'univers, il voulait faire du Japon la patrie du seul bouddhisme orthodoxe. Il est significatif que le plus virulent des mouvements religieux de l'actuel Japon, le *Soka Gakkai* * se réclame précisément de la tradition théologique nichirénienne.

On ne peut manquer d'être frappé par les nombreuses similitudes qui rapprochent le bouddhisme médiéval japonais du christianisme européen des débuts de l'époque moderne. Paradoxalement, le bouddhisme japonais a plus d'affinités avec le christianisme qu'avec le bouddhisme originel. Ayant peu à peu évacué l'idée d'un renoncement personnel acquis au prix de plusieurs vies d'efforts, il met l'accent sur la survie individuelle dans un paradis accessible par la foi en la grâce divine. Les réformateurs religieux du Japon féodal ont plus d'un trait commun avec ceux du xvie siècle européen; au nombre des analogies les plus évidentes figurent : la traduction des Écritures en langue vulgaire, l'institution de congrégations laïques, le mariage des prêtres, le fanatisme militant et le nationalisme sous-jacent.

Tandis que les couches populaires trouvent de nouveaux moyens d'expression spirituelle, les chevaliers vont chercher la réponse à leurs aspirations philosophiques et religieuses auprès d'une autre secte : le *Zen* *. Ce nouveau rameau du bouddhisme qui signifie mot à mot « méditation », est introduit dans l'archipel à la fin du xiie siècle et au début du xiiie siècle par des moines japonais revenant de voyages d'études en Chine. S'alimentant à une double tradition indienne et chinoise, le *Zen* apparaît comme une réaction de la mystique taoïste * face au bouddhisme dénaturé.

Le *Zen* est d'abord une philosophie antirationnelle et antiscolastique. Ses adeptes cherchent à se mettre en état d'harmonie avec le cosmos afin d'accéder à une appréhension directe de l'unité du monde. A la sagesse puisée dans les livres ou dans le raisonnement logique, ils préfèrent la contemplation qui résulte d'une discipline absolue du corps et d'une constante concentration mentale. Au cours de l'initiation, le maître posait aux nouveaux adeptes une question simple mais incongrue; il leur demandait, par exemple, « de quelle nature est le bruit provoqué par une seule main qui applaudit? ». L'élève devait méditer sur ce problème pendant de nombreux jours. Toute réponse tendant à décrire la nature du son ou à expliquer les raisons de l'absence de son, était brutalement rejetée par le maître. La méditation engagée à partir de ce problème devait déboucher sur une illumination intérieure du disciple qui découvrait soudain la vraie nature du Bouddha et l'unité du monde.

Le refus de toute scolastique, la discipline mentale et l'ascèse physique imposées aux adeptes du *Zen,* les contraignaient à une vie proche de la nature; celle-ci n'était pas sans séduire les chevaliers imprégnés d'idéal spartiate. Le *Zen* apporta à la classe guerrière une philosophie et une règle de vie. En retour, l'adhésion des seigneurs accentua le prestige et l'influence du nouveau courant. Le *Zen* porta au paroxysme le sang-froid et la force de caractère déjà remarquables des chevaliers du Japon féodal. Nul doute que l'esprit de discipline et l'apparente insensibilité devant l'épreuve, qui restent l'apanage de nombreux Japonais, ne trouvent leur source dans les techniques de libération mentale du *Zen.*

5

L'unité nationale compromise

Au fil des années, le régime de Kamakura va subir de profonds changements. Aussi longtemps que les chevaliers ont formé un petit groupe homogène soudé par un réseau de liens personnels, le régime a conservé sa physionomie originelle. Mais après quelques générations, le souvenir des fidélités contractées au cours des expéditions guerrières s'estompe et finit par déserter la mémoire des survivants. Isolés à l'intérieur de leurs domaines et éparpillés sur toute l'étendue de l'archipel, les descendants des chevaliers du Kanto, qui depuis 1185 contrôlent le pays, n'ont plus le sentiment de former une clique solidaire et de devoir une allégeance personnelle aux autorités de Kamakura. En outre, l'augmentation du nombre des membres de la clique va précipiter sa désagrégation. A chaque génération, le clan s'enrichit de nouveaux éléments sans que le nombre des gouverneurs de domaines puisse augmenter dans la même proportion. Les chevaliers doivent donc partager entre leurs fils les revenus de leur fief. Leurs ressources fondent rapidement; à la fin du XIIIe siècle, beaucoup éprouvent les plus grandes difficultés à tenir leur rang et à subvenir aux frais d'un équipement complet : monture, armes, armure.

Une menace extérieure : les invasions mongoles.

En dépit de ces éléments de fragilité, le régime de Kamakura survit encore un siècle et demi. Pendant ces années, il résiste même à la plus grave menace d'agression étrangère que le Japon ait connue jusqu'alors : les tentatives d'invasion mongole de 1274 et 1281. Pendant la première moitié du XIIIᵉ siècle, les Mongols, peuplade nomade des steppes de la Chine septentrionale, conquièrent l'Asie centrale, la Russie méridionale, une grande partie du Proche-Orient, tandis que leurs armées atteignent la Silésie, la Hongrie et même la mer Adriatique. A l'est de leur immense Empire, ils soumettent complètement la Corée en 1259 et écrasent la dernière résistance chinoise en 1276. Le Japon est le seul pays d'Orient à rester en dehors de leur tutelle. L'empereur mongol, Kubilai Khan, veut encore reculer les limites de ses possessions et envoie au Japon des émissaires réclamer la capitulation de l'archipel. Terrifiés, les princes de la cour sont prêts à céder. Mais les guerriers de Kamakura opposent un refus catégorique et pour mieux signifier leur détermination, décapitent quelques-uns des envoyés de Kubilai Khan.

Un tel affront ne pouvant rester impuni, une solide armée mongole s'embarque en 1274 sur des navires coréens en vue de soumettre le Japon. Elle s'empare de quelques petites îles et opère un débarquement dans la baie de Hakata, près de la ville actuelle de Fukuoka, au nord de Kyushu. Mais avant qu'aucun engagement décisif n'ait pu avoir lieu, le mauvais temps contraint les Mongols à se replier vers le continent. Leur retour n'étant que trop prévisible, le gouvernement de Kamakura mobilise tous les chevaliers du Japon occidental pour construire autour de la baie de Hakata une muraille destinée à contenir, lors du second débarquement, la cavalerie mongole de sinistre réputation.

Les Mongols reviennent en 1281 sur une puissante armada composée de navires chinois et coréens; ils débarquent dans la baie de Hakata 150 000 hommes, le plus grand corps expéditionnaire jamais engagé dans une opération navale. Les Mongols, habitués à remporter la victoire par des charges de cavalerie sur de vastes espaces, bénéficient grâce à leur artillerie d'une nette supériorité technique. Face à un tel déploiement de forces, les Japonais ne peuvent opposer qu'une poignée de chevaliers rompus au combat singulier. Bientôt cependant, les Mongols sont gênés dans leur progression par la muraille et par le harcèlement de petits bateaux japonais manœuvrant très rapidement dans les chenaux de la baie. Avant qu'ils n'aient pu déployer l'ensemble de leurs forces, un typhon détruit leur flotte et transforme l'expédition en fiasco. Les Japonais saluent comme une manifestation de la providence ce typhon venu libérer « l'archipel des dieux » de l'envahisseur étranger; ils le baptisent *Kamikaze* * ou « vent divin ». Cet épisode qui occupe une place privilégiée dans l'historiographie nippone a largement contribué à convaincre les Japonais du caractère sacré et inviolable de leur patrie.

Une menace intérieure : la révolte de Go-Daigo.

La caste militaire sort de l'épreuve insatisfaite et d'humeur turbulente. Pendant les mois et les années passés hors de leur domaine pour organiser la défense du pays, beaucoup de seigneurs se sont appauvris; ils déplorent que la victoire ne leur laisse aucun butin à partager. Leur ancien idéal de loyauté, déjà fort ébranlé, est totalement oublié. Cependant le régime de Kamakura est suffisamment assuré de son pouvoir pour subsister un demi-siècle encore.

Curieusement, c'est un empereur, connu sous le nom posthume de Go-Daigo ou Daigo II, qui porte au système le coup final. Nourri d'idées anachroniques, il rêve de restaurer la prérogative impériale. Il lève autour de la capitale et sur les grands domaines monastiques une armée de chevaliers mécontents. En 1331 il fomente contre Kamakura une révolte qui serait restée sans conséquences si l'ensemble du régime n'avait été travaillé par de nombreuses forces de désagrégation. Les militaires de l'Ouest se prononcent pour la cause impériale tandis que le général désigné pour écraser le soulèvement — Ashikaga Takauji — passe à l'insurrection en 1333. Une seconde force est levée dans la région du Kanto; cette fois, le général qui en assure le commandement ne se donne pas la peine de marcher sur Kyoto. Il s'empare de Kamakura et fait massacrer la famille Hojo, apportant ainsi un dénouement dramatique à un siècle et demi de centralisation politique.

Go-Daigo, qui pensait naïvement rétablir les prérogatives reconnues à l'empereur cinq ou six siècles auparavant, doit revenir de ses illusions. Ashikaga Takauji, plus réaliste et mieux informé du véritable rapport des forces politiques, l'abandonne et le chasse de Kyoto en 1336 pour placer sur le trône un membre d'une branche collatérale de la famille impériale. Go-Daigo doit se réfugier avec ses partisans dans les forteresses des montagnes proches de Nara. Il installe une cour rivale à Yoshino d'où il va poursuivre pendant près de soixante ans sa lutte contre la famille Ashikaga. En 1392, ses descendants consentent enfin à mettre un terme à leur résistance et à regagner Kyoto contre la promesse qu'ils alterneront sur le trône avec les Ashikaga. Ces derniers étaient trop experts dans l'art de la trahison pour tenir une telle promesse. Aucun membre de la famille de Go-Daigo n'accéda jamais au trône et sa lignée ne tarda pas à sombrer dans l'oubli.

Go-Daigo avait complètement échoué dans sa tentative de restauration du pouvoir impérial. Ashikaga Takauji ne réussit guère mieux à rétablir l'autorité de Kamakura sur l'ensemble du pays. En 1338, il prit le titre de *shogun* *, que ses descendants conservèrent jusqu'en 1573. Cependant, le shogunat Ashikaga n'eut jamais la puissance de celui de Kamakura. Lorsque le troisième shogun Ashikaga, Yoshimitsu, eut obtenu la reddition des descendants de Go-Daigo en 1392, le pays connut une brève période de paix publique. Mais peu après, le pouvoir des Ashikaga s'effrita et à partir de 1467, les guerres intestines sévirent à l'état endémique dans tout le pays. Au cours de la seconde moitié de leur shogunat — appelée par les historiens ère Muromachi *, du nom du quartier de Kyoto où résidait le shogun —, les Ashikaga, comme avant eux les empereurs et les Fujiwara, perdirent toute autorité effective sur le pays pour ne conserver qu'une magistrature d'influence vaguement symbolique.

Une nouvelle stratification sociale. Les daimyo.

Le XIVe et le XVe siècle sont une période de confusion politique et de désintégration progressive du pouvoir central. Cette anarchie résulte de l'accroissement du nombre des chevaliers qui rend impossible le maintien des liens personnels de fidélité. Le rétablissement de l'unité nationale suppose la mise en place de nouvelles structures politiques. Processus nécessairement lent, dont la première étape est la création d'unités féodales indépendantes de la clique originelle de Kamakura; on voit certains « protecteurs militaires » *(shugo)* et des aristocrates provinciaux s'attacher une clientèle locale et devenir de puissants seigneurs dans le ressort de leur province. Les guerres des dernières années du régime de Kamakura montrent que leur ascendant sur le reste de la classe guerrière est supérieur à celui des Hojo ou du shogun.

L'influence de ces seigneurs locaux ne cesse de s'affirmer au cours du XIVᵉ et du XVᵉ siècle. A l'origine, ils ne tenaient leur pouvoir que du consensus général ou de la désignation par leurs semblables; leur statut était celui d'un *primus inter pares.* Progressivement, ils se muent en véritables suzerains locaux, s'adjugent le contrôle de régions entières et exigent des chevaliers de leurs domaines une allégeance totale. Au XVIᵉ siècle, ils prennent le nom de *daimyo* * sous lequel ils vont jouer un rôle de premier plan jusqu'à la fin de la période féodale. Leur ascension politique a pour contrepartie la régression sociale des chevaliers indépendants. La plupart des anciens domaines sont en effet regroupés au sein des régions contrôlées par les daimyo; la fonction de régisseur devient un titre vide avant de disparaître complètement. Au même moment, l'art militaire évolue; on recourt de plus en plus à l'infanterie pour servir de masse de manœuvre dans les batailles, de sorte que beaucoup de chevaliers n'ont même plus de raison d'être. Perdant simultanément leur mission guerrière et leur fonction sociale d'encadrement, les chevaliers apparaissent comme une force en pleine régression.

Certains réussissent à devenir daimyo. Mais la plupart sont réduits à proposer leurs services aux daimyo et à exercer en leur nom des fonctions militaires et administratives subalternes. Ils subsistent en exploitant quelques terres que le daimyo leur alloue sur ses propres domaines, ou plus souvent se contentent d'un salaire fixe versé par le trésor domanial. Leur situation les rapproche de la classe paysanne au moment même où les ruraux sont commis à la défense du pays et fournissent les contingents d'une infanterie de qualité. La Vraie secte de la Terre Pure en prend argument pour contester la suprématie des féodaux. En période de guerre, les paysans se transforment en soldats et les plus valeureux peuvent espérer gravir les échelons de la classe aristocratique; à l'inverse, bien des chevaliers se voient réduits après une bataille malheureuse au statut de paysan. Ainsi existe-t-il aux xve et xvie siècles, une certaine perméabilité sociale entre les couches populaires et la moyenne aristocratie.

La famille impériale et les princes de la cour de Kyoto sont les premiers à subir le contrecoup de ces mutations. Les revenus qu'ils tirent des domaines provinciaux s'amenuisent sans cesse et finissent par s'évaporer complètement à la fin du xve siècle. Au siècle suivant, la famille impériale, les Fujiwara et les différentes familles de la cour mènent une existence précaire et misérable. Pour survivre, elles doivent patronner des compagnies de commerce ou des guildes artisanales de Kyoto; elles sont contraintes d'exercer les rares activités auxquelles il leur est possible de s'adonner sans déroger. On voit un empereur réduit à des travaux de calligraphie et obligé de recopier de sa main, pour une modeste rétribution, quelques poèmes ou quelques aphorismes qu'un client lui a commandés. On est encore plus surpris qu'à trois reprises successives au cours du xvie siècle, la famille impériale aux abois ait dû renoncer à organiser la transmission des pouvoirs, faute de moyens pour payer les funérailles de l'empereur défunt et le couronnement de son successeur! Sans la révérence que les Japonais portent au principe dynastique, la famille impériale et les princes du sang n'auraient jamais survécu à une telle débâcle financière.

Les Ashikaga : souverains débiles mais mécènes avertis.

Les transformations politiques et sociales qui marquent le shogunat des Ashikaga s'accompagnent d'une incessante agitation. L'archipel connaît une période de grande fermentation et de combats ininterrompus dont l'enjeu peut être l'appropriation de nouveaux domaines ou la reconnaissance d'une suprématie locale. Cet état de belligérance chronique rappelle étrangement la situation de l'Europe féodale. La guerre décide, au Japon comme en Europe, du sort des grandes familles. Le chaos politique et le triste état de la cour impériale ont livré à la postérité une sombre image de ces deux siècles et demi d'histoire japonaise. Mais cette vision pessimiste ne retient que les apparences et mutile la vérité. La confusion politique n'est en fait que l'épiphénomène d'une profonde évolution des institutions et des structures sociales; elle n'exclut pas de rapides progrès dans le domaine économique et culturel.

Par suite de ses difficultés financières, la cour impériale de Kyoto cesse d'être le foyer de la vie culturelle du pays. La cour du shogun lui ravit sa fonction de protectrice des arts et des lettres. Le nom que les Ashikaga ont laissé dans l'histoire doit davantage à leur mécénat qu'à leur rôle politique. Regroupant autour d'eux les meilleurs artistes et écrivains de leur temps, ils animent une cour dont l'éclat culturel compense largement l'impuissance politique. Comme dans toutes les périodes troublées, les grands monastères deviennent le refuge de la vie de l'esprit et les centres de l'activité artistique. Parmi les plus grands artistes et les plus fins lettrés de cette époque, on compte de nombreux moines bouddhistes. Les maîtres du *Zen,* en particulier, dominent la vie culturelle; ils bénéficient de l'appui officiel des autorités et entretiennent avec la Chine d'actives relations qui leur donnent la primeur des nouveaux courants culturels du continent. Sous les Ashikaga, le *Zen* imprègne toute la vie intellectuelle et opère un fécond syncrétisme entre les traditions nationales et les influences continentales.

Les moines bouddhistes jouent un rôle important dans

l'apparition du premier genre dramatique japonais, le *nô* *
ou drame lyrique. La finalité du *nô* est d'enseigner au
spectateur les éléments de la doctrine bouddhique. Issu
des anciennes danses religieuses du Japon primitif, il associe
un élément chorégraphique à des récitatifs poétiques repris
en alternance par le chœur et les acteurs. Cette forme de
théâtre japonais reste l'un des genres dramatiques les plus
prisés; ses adeptes appliquent leur ferveur à préserver le
symbolisme dépouillé qui en constitue l'essence.

Les moines *Zen,* tout en répudiant les traditions scolas-
tiques, contribuent à remettre en vigueur l'usage littéraire
du chinois classique. Ils introduisent aussi au Japon les
nouvelles conceptions architecturales du continent. Mais
leur contribution la plus achevée sous la période Ashikaga
s'exerce dans le domaine pictural. Menant une vie proche
de la nature, ils s'enthousiasment pour la peinture de
paysages monochromes qui a connu son apogée dans la
Chine des Song, entre 960 et 1279. Les œuvres des peintres
cénobitiques japonais comme Sesshu (1420-1506) riva-
lisent avec celles des maîtres chinois tant par la qualité
du métier que par la profondeur de l'inspiration.

Les moines *Zen* introduisent dans l'archipel trois nouveaux modes d'expression artistique qui vont rapidement
s'incorporer au patrimoine national au point de devenir
constitutifs du « goût japonais ». Il s'agit d'abord de l'arran-
gement floral dont la fonction liturgique originelle était
de mettre en valeur les bouquets apportés en offrande au
pied des statues bouddhiques. Il devient par la suite une
pratique profane que toute jeune fille accomplie est censée
maîtriser. Le second apport esthétique d'origine chinoise
est l'art des jardins. Imperméables à l'idéal occidental d'une
nature géométrique et organisée, les paysagistes de la
période Ashikaga cherchent à reconstituer sur une portion
d'espace limitée le foisonnement de la nature, avec ses
montagnes, ses forêts, ses torrents. Tantôt ils s'appliquent

à créer l'illusion du réel; tantôt ils se contentent d'une ressemblance symbolique avec la nature comme dans le jardin de pierres du Ryoanji * à Kyoto où l'on ne trouve que des rocs et du sable. Dans ce domaine, les réalisations des maîtres du shogunat Ashikaga et de leurs successeurs du XVIIᵉ siècle ont fait de Kyoto la Mecque des architectes paysagistes. Apparue également à cette époque, la cérémonie du thé est un rite plein d'une belle simplicité hiératique. Quelques pièces de fine poterie ancienne, quelques gestes dont la lenteur rehausse la grâce, une préparation et une dégustation dictées par un rituel intériorisé, une parfaite sérénité d'esprit, suffisent à exprimer l'amour de la beauté, le culte du dépouillement et la quête d'apaisement spirituel qui forment l'essence même du Zen.

(Le jardin de pierres du Ryoanji.)

Ces trois formes d'art s'inspirent de conceptions esthétiques voisines. On y retrouve le même refus d'une nature
artificiellement recomposée par les mains de l'homme,
la même vénération de la simplicité, le même attachement
exclusif à l'essentiel. Les quelques branches en fleurs d'une
composition florale, les ustensiles simples et les mouvements
mesurés de la cérémonie du thé, la sévérité austère d'un
jardin miniature, l'économie de traits d'une peinture qui
vise moins à décrire qu'à suggérer, le frémissement d'un
paysage qui évoque en filigrane toutes les forces cosmiques :
tels sont les éléments d'une esthétique où se reflètent
l'idéal guerrier et l'éthique *Zen* d'ascèse intérieure et de
purification du moi. Il est curieux que cet art parfaitement
adapté à la frugalité et au niveau de faible développement
économique du Japon médiéval ait acquis récemment une
large audience dans nos sociétés de consommation pourtant
infiniment plus complexes et diversifiées.

Décloisonnement et progrès de l'économie.

La reprise de contacts réguliers avec le continent est à
l'origine d'un essor sans précédent de l'économie japonaise.
La disparition progressive des anciens manoirs accélère le
processus d'expansion. Le Japon qui vient de vivre plusieurs siècles d'économie domaniale fermée, commence à
s'ouvrir aux échanges et à la circulation des produits.
Pour la première fois une certaine spécialisation locale ou
régionale devient possible. Certes, les entraves politiques
restent considérables; les péages et les restrictions de toute
nature à la libre circulation des biens et des personnes
subsistent partout. Pour s'en affranchir, marchands et artisans prennent l'habitude de se grouper en guildes professionnelles. Ils disposent ainsi d'une force collective capable
de défendre leurs intérêts économiques et de négocier avec

les autorités féodales le montant des taxes et l'étendue des monopoles corporatifs.

Ces nouvelles conditions favorisent une puissante expansion commerciale et industrielle. Des fabriques de papier, des entreprises métallurgiques, des filatures et diverses activités économiques apparaissent en différents points de l'archipel. De petits marchés locaux deviennent des centres commerciaux de moyenne importance. Kyoto reste la plus grande ville du pays, mais une cité nouvelle d'origine exclusivement commerciale et industrielle, grandit sur les rives orientales de la Mer intérieure; c'est la future Osaka qui garde jusqu'à la fin du XVIe siècle son statut de ville franche. Ne relevant d'aucun domaine féodal, elle est administrée par la classe marchande et les dignitaires du temple fortifié de la Vraie secte de la Terre Pure.

Le commerce extérieur donne la véritable mesure de la croissance économique japonaise au cours de la période féodale. Les relations commerciales nouées avec la Chine à l'occasion de la première ambassade officielle envoyée par le prince Shotoku, ne produisent tous leurs fruits que dans les dernières années du XIIe siècle. Au XVIe siècle, le commerce extérieur est devenu un élément fondamental de la vie économique du pays. Les importations japonaises se composent alors essentiellement de produits tropicaux en provenance de l'Inde ou de l'Asie du Sud-Est et de biens manufacturés de fabrication chinoise comme les soies, les porcelaines, les livres, les manuscrits, les peintures et les monnaies de cuivre. Depuis le XIIIe siècle, la part la plus importante du trafic, en volume comme en valeur, est constituée par du numéraire qui tend de plus en plus à remplacer le riz ou le drap comme moyen d'échange. A la suite de l'échec au VIIIe siècle d'une tentative qui visait à se doter d'une monnaie nationale imitée des pièces chinoises, le Japon a renoncé à frapper ses propres espèces. Faute d'une autorité centrale suffisamment puissante, il

fait venir du continent l'intégralité du numéraire nécessaire aux besoins de son économie.

Au début de la période féodale, les exportations japonaises portaient essentiellement sur les produits primaires
tels que le soufre, le bois de charpente, les perles, l'or, le
mercure et la nacre. Au xv⁰ siècle et au xvi⁰ siècle, la
gamme des produits exportés s'est diversifiée; les biens
manufacturés figurent désormais en grandes quantités :
sabres, éventails et paravents décorés à destination de la
Chine ou d'autres pays. Ces paravents et ces éventails,
sans doute inventés simultanément par les Japonais et les
Coréens, semblent avoir été très prisés en Chine; quant
aux sabres recourbés, ils étaient fabriqués à partir d'un
acier laminé de qualité supérieure à celle, pourtant réputée,
des lames de Damas ou de Tolède. Le Japon les exportait
par milliers à travers tout le Sud-Est asiatique.

A l'origine, les Coréens avaient le monopole des relations
maritimes et commerciales entre l'archipel et le continent.
Peu à peu, les Japonais prennent leur relève; au xi⁰ siècle,
ils établissent des lignes régulières avec la Corée; au
xii⁰ siècle, ils s'aventurent jusqu'en Chine; aux xiv⁰ et
xv⁰ siècles, ils sont devenus les maîtres de la navigation
et du commerce maritime dans toute la mer de Chine
orientale. Plusieurs milieux sociaux sont partie prenante
à ce fructueux commerce, au premier chef les moines
bouddhistes qui n'hésitent pas à se faire armateurs pour
pouvoir édifier de nouveaux monastères. Des seigneurs
féodaux se lancent aussi dans les aventures lointaines; ils
ne font d'ailleurs qu'imiter les Ashikaga eux-mêmes qui
disposent de ce seul moyen pour préserver leur pouvoir
chancelant. Ils doivent faire mine d'épouser les conceptions
chinoises en matière de commerce international, c'est-à-dire
accepter de voir dans les exportations japonaises le tribut
d'un peuple barbare au Grand Empire chinois et reconnaître dans les produits importés une manifestation de la

mansuétude de ce même Grand Empire à leur égard.
Pour s'ajuster à cette fiction, les shogun Ashikaga n'hésitent pas, au mépris de la tradition impériale, à se faire
investir par les Ming du titre de « roi du Japon ». C'est
à ce prix seulement qu'ils réussissent à faire accréditer
leurs marchands et à entretenir des relations commerciales officielles et régulières avec le continent.

Malgré la part prise par les shogun et les monastères
dans le grand commerce, le monopole des mers échoit
progressivement à une catégorie sociale distincte constituée
d'anciens chevaliers et de marchands de l'ouest de l'archipel. Comme ceux d'Europe, les marins japonais sont
des commerçants qui ne répugnent pas à se transformer en
pirates lorsque l'occasion se présente. Ils s'embarrassent
peu des lettres de créance délivrées par les Ashikaga ou
des licences commerciales de la cour chinoise; dès le
XIIIe siècle, les actes de piraterie se multiplient dans la
mer de Corée. Au XIVe siècle, ces « chevaliers-pirates »
enhardis par leurs succès, font peser une menace permanente sur le royaume de Corée et étendent leur champ
d'activité en direction des côtes chinoises. En rançonnant
périodiquement les ports chinois pendant le XVIe et le
XVIIe siècle, ils contribuent largement à l'effondrement
final de l'Empire des Ming en 1644.

Cependant au XVIe siècle, ceux que l'on a pris l'habitude
d'appeler les « pirates japonais » ne sont pas toujours des
pirates, ni même toujours des Japonais. Des Chinois se
joignent à eux pour rançonner les grandes villes de la Chine
côtière. Nombreux, parmi ces pillards, sont les natifs
d'Okinawa et des îles Ryu-kyu; parlant un dialecte proche
du japonais, ils relèvent au XVIIe siècle simultanément de
la Chine et du grand domaine des Shimazu dans la province
de Satsuma au sud de Kyushu. Lorsqu'au début du
XVIe siècle, les « marchands aventuriers » venus d'Europe
contournent la péninsule malaise et pénètrent dans les

mers d'Asie orientale, ils rencontrent plus de Japonais que de Chinois. Au cours de ce siècle, les Japonais s'établissent par centaines dans les villes et les colonies de toute l'Asie du Sud-Est. Ils se font commerçants, chevaliers d'industrie ou mercenaires au service d'Espagnols ou de Portugais que leur endurance et leur pratique des arts martiaux impressionnent vivement. Une ville typiquement coloniale comme Manille possède une communauté japonaise florissante. L'influence nippone s'étend jusque dans la capitale du Siam où des aventuriers japonais fomentent au début du XVIIe siècle une révolution qui porte au pouvoir des hommes acquis à leurs intérêts.

Durant les « années sombres » de l'anarchie politique, les Japonais ont développé leur artisanat au point d'égaler et parfois d'éclipser les maîtres de l'industrie chinoise. En dépit de la persistance des structures féodales, ils ont réussi à se doter d'un système commercial solidement établi. Grâce au dynamisme et à la vitalité débordante de leurs « chevaliers-marchands », ils sont devenus les maîtres incontestés des mers d'Asie orientale. Au XIIe siècle, lorsque s'est constituée la société féodale, le Japon faisait l'effet d'une contrée retardataire, que la faiblesse de son économie condamnait à demeurer en marge du monde civilisé. Quatre siècles plus tard, on se demande s'il s'agit bien du même pays. Paradoxalement, les Japonais sortent grandis de leur longue période d'anarchie féodale et peuvent désormais traiter en égaux avec les marchands européens et même avec les Chinois.

6

L'unité nationale rétablie

Au début du XVIᵉ siècle, le Japon réussit la performance de développer largement son économie sans disposer d'aucune structure politique nationale. Il est vrai que les nouveaux domaines des daimyo constituent des pierres d'attente pour le rétablissement de l'unité du pays. Si chaque domaine forme une entité politique autonome, ne suffit-il pas que tous se fédèrent ou qu'ils se regroupent sous une même tutelle pour voir émerger une nation au sens moderne du terme?

Les possessions des daimyo sont à vrai dire de dimensions fort variables. Leur seul trait commun est d'être des ensembles cohérents, politiquement homogènes et toujours autonomes par rapport à l'empereur ou au shogun. Certains fiefs sont toutefois placés dans la dépendance d'un autre domaine. Le daimyo se conduit à l'intérieur de son petit royaume comme un suzerain paternaliste mais absolu. Il est entouré d'un état-major de militaires et de fonctionnaires qui forment une cour au château domanial et sont rétribués soit par un salaire soit par l'octroi de terres transmissibles à leurs descendants. La double empreinte d'une éducation guerrière et d'une époque troublée incite de nombreux daimyo à faire de leur domaine une véritable puissance militaire. Les grands féodaux, dont les possessions couvrent parfois plusieurs provinces, parviennent à se doter d'une force de défense redoutable. En période de guerre, la paysannerie fournit les moyens

de subsistance et le gros des troupes, l'aristocratie pour-
voit à l'administration du domaine et à l'encadrement des
soldats tandis que les marchands ont pour fonction d'assurer les communications.

Les fondateurs de l'Etat japonais.

Tout naturellement les grands fiefs tendent à absorber
ou à mettre sous leur tutelle les domaines de dimensions
plus modestes. A partir de la seconde moitié du XVIᵉ siècle,
les armes à feu importées d'Europe commencent à être
utilisées sur les champs de bataille. Leur emploi de plus
en plus systématique va précipiter le processus de regroupement et faire surgir, avant même la fin du siècle, une
autorité unique sur la totalité de l'archipel. La première
grande figure à s'être préoccupée de l'unification du pays
est un simple daimyo, Oda Nobunaga, dont la suzeraineté
s'étendait sur les trois provinces voisines de la ville
moderne de Nagoya, à l'est de Kyoto. En 1568, il s'empare
de Kyoto et de ce qui subsiste des deux cours — celle de
l'empereur et celle du shogun. Il étend ensuite son pouvoir
sur le Japon central en brisant au mont Hiei la puissance
du *Tendai* * et en démantelant les principaux monastères
voisins de la capitale; après un siège de dix ans, il obtient
la capitulation du grand temple fortifié de la Vraie secte
de la Terre Pure à Osaka. Mais en 1582, son assassinat
par un de ses vassaux met fin prématurément à son rêve
d'hégémonie sur l'ensemble de l'archipel.

Nobunaga disparu, le contrôle du Japon central revient
à son meilleur général, Hideyoshi, homme de basse extrac-
tion qui devait son ascension à ses seules compétences. Il
fait aussitôt reconnaître son autorité par les vassaux de
Nobunaga et restaure le temple fortifié d'Osaka pour y
établir le siège de son gouvernement militaire. Il manifeste

son attachement à la cour impériale en reprenant le vieux titre de régent * de majorité *(kampaku)* que portaient les Fujiwara et en se faisant construire un palais dans les environs de Kyoto. En 1587, la reddition du grand domaine des Shimazu de Satsuma, au sud de Kyushu, lui assure le contrôle de tout le Japon occidental. Trois ans plus tard, le Japon oriental et septentrional tombe à son tour sous sa férule grâce à la soumission du principal daimiat de la région du Kanto. L'unité politique du pays se trouve ainsi reconstituée à son profit. Après plus d'un siècle de guerres civiles incessantes, l'archipel va enfin connaître une période de paix.

Avec l'arrêt des combats, Hideyoshi se trouve à la tête d'une pléthore de militaires dont la reconversion se révèle malaisée. Pour canaliser leurs ardeurs belliqueuses et apaiser le complexe du conquérant mondial que lui-même semble avoir partagé avec bien d'autres généraux victorieux de l'histoire, Hideyoshi décide de soumettre la Chine. En 1592, comme les Coréens refusent de lui livrer le passage vers le continent, il envahit leur pays avec une force de 160 000 hommes. Les soldats japonais ravagent la plus grande partie de la péninsule coréenne mais dispersant leurs efforts, ils sont finalement refoulés par les armées chinoises venues au secours de leur satellite. Les troupes nippones doivent se replier en Corée méridionale où elles parviennent à se maintenir pendant plusieurs années. Pourtant la situation ne cesse de se détériorer et les communications avec l'archipel sont perturbées par les « bateaux-tortues » des Coréens, véritables cuirassés avant la lettre. Une nouvelle expédition vers la Corée est tentée en 1597, mais la mort de Hideyoshi l'année suivante fournit aux Japonais un bon prétexte pour mettre fin à une opération compromise et regagner l'archipel. La première tentative nippone de conquête continentale se soldait par un échec total.

Le Japon des Tokugawa

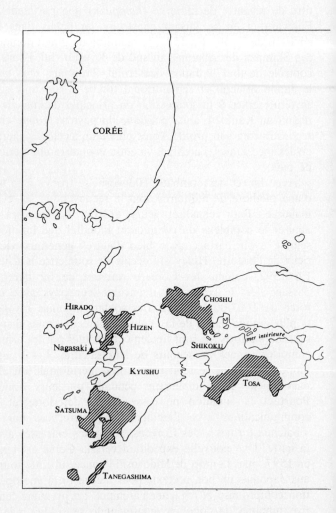

CORÉE

HIRADO

HIZEN

CHOSHU

SHIKOKU

mer intérieure

Nagasaki

KYUSHU

TOSA

SATSUMA

TANEGASHIMA

Le Japon des Tokugawa

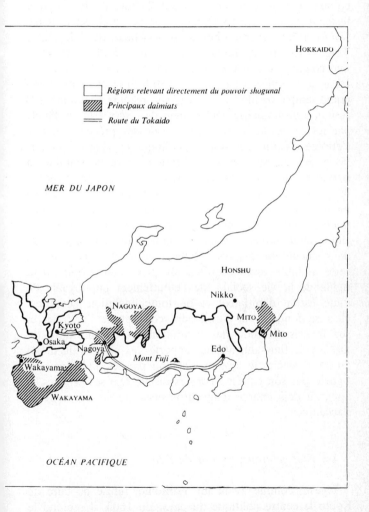

HOKKAIDO

Régions relevant directement du pouvoir shogunal
Principaux daimiats
Route du Tokaido

MER DU JAPON

HONSHU

Nikko

NAGOYA

MITO

Kyoto

Mito

Osaka

Nagoya

Edo

Mont Fuji

Wakayama

WAKAYAMA

OCÉAN PACIFIQUE

Le vide politique créé par la mort de Hideyoshi est comblé par son principal vassal Tokugawa Ieyasu qui, jusqu'alors, le représentait dans l'est de l'archipel et tenait son quartier général dans le petit village de Edo, futur Tokyo. En 1600, Ieyasu inflige une défaite décisive à une coalition de rivaux; quinze ans plus tard, il se débarrasse des derniers descendants d'Hideyoshi et s'empare du grand temple fortifié d'Osaka par le recours simultané à la ruse et à un immense déploiement de forces armées. Hanté par les expériences malheureuses de ses prédécesseurs, il s'efforce d'édifier un système politique capable de lui survivre. Ses successeurs partageront ce rêve de stabilité et parviendront à lui donner corps. C'est en effet pendant la première moitié du xviie siècle que les Tokugawa mettent en place pour deux siècles et demi un régime politique nouveau. Celui-ci consacre une œuvre de pacification intérieure et extérieure dont la durée n'a d'équivalent dans aucun autre pays. Malheureusement, cette paix et cette stabilité sont acquises au prix d'un encadrement rigide de la vie sociale, de l'étouffement impitoyable de toute forme d'initiative et de toute évolution novatrice; elles se fondent sur l'isolement complet de l'archipel et sur la cristallisation des institutions et des attitudes du xvie siècle finissant. Même rapporté aux critères du début du xviie siècle, le système institué par les Tokugawa se signale par son extrême conservatisme. Dès ses origines, il apparaît déjà chargé d'anachronismes qui ne cesseront de s'accentuer.

Un Etat centralisé autour de Edo.

Ieyasu, comme avant lui Yoritomo, refuse de faire de Kyoto le centre politique du pays. En 1603, il reprend le titre de shogun * que portaient les Minamoto et les Ashikaga; il installe sa capitale près de son château de Edo dans l'est de l'archipel. Ses successeurs transforment la ville en une imposante forteresse; ils l'entourent de larges fossés séparés par de hauts remblais et d'épaisses murailles disposées en cercles concentriques d'un diamètre total de plus de trois kilomètres. Aujourd'hui, la ceinture intérieure est occupée par le magnifique palais impérial qui se dresse en plein cœur de Tokyo. Par souci de stabilité, les Tokugawa vont figer la structure politique de la fin du XVIᵉ siècle. Ils maintiennent la plupart des divisions territoriales existantes, notamment les daimiats ou *han* * sur lesquels ils se contentent de faire peser un système d'étroite surveillance militaire. Les domaines varient en superficie et sont sujets aux fluctuations numériques. Certains disparaissent, d'autres se constituent. Vers la fin de la période Tokugawa, on en recense environ 265 qui ont une production de riz variant entre 10 000 *koku* * pour le plus petit à un million pour le plus étendu. Sur une production nationale totale estimée à 26 millions de *koku* de riz, les shogun prélèvent environ 7 millions de *koku* et contrôlent en outre directement les principales villes, les ports et les exploitations minières de l'archipel.

A l'intérieur du pays, un clivage fondamental sépare le clan Tokugawa des autres familles féodales. Le régime repose en réalité sur le shogun et les « daimyo de l'intérieur ». Ces derniers comprennent les daimyo apparentés aux Tokugawa ou *shimpan daimyo* * et les daimyo « héréditaires » ou *fudai daimyo* * qui ont combattu aux côtés de Ieyasu avant même sa victoire de 1600. Ces deux catégories fournissent les cadres de l'armée et de l'administration. Viennent ensuite les « daimyo de l'extérieur » ou *tozama daimyo* * qui n'ont fait allégeance à Ieyasu qu'après la grande bataille de 1600. Tous les daimyo disposent en général d'une clientèle de militaires et de fonctionnaires auxquels ils versent un salaire fixé par l'usage; les plus puissants ont en outre des vassaux héréditaires auxquels ils confient la gestion d'une partie de leurs domaines. Les membres de la suite du shogun se rangent en deux catégories : les « porte-étendard » ou *hatamoto* * qui bénéficient des revenus les plus élevés et les « gentilshommes de la maison du shogun » ou *gokenin* *.

La répartition des possessions respectives du shogun et des daimyo à travers l'archipel ne relève pas du simple hasard. Tout le centre du pays depuis la plaine du Kanto à l'est jusqu'au district de l'ancienne capitale à l'ouest, dépend des Tokugawa. Cette région qui forme la zone vitale du Japon regroupe les plus belles plaines, la majeure partie de la population urbaine et l'essentiel des activités économiques. Pour des raisons de sécurité, les trois grands daimyo du clan Tokugawa qui sont chargés de désigner le shogun en cas d'extinction de la branche principale, se trouvent placés en trois positions clés de la région centrale : Mito à l'est d'Edo, Nagoya près du centre de gravité des possessions Tokugawa et Wakayama au sud d'Osaka, plus à l'ouest. Les « daimyo de l'extérieur » qui nourrissent parfois de vieilles rancunes à l'égard des Tokugawa, sont confinés dans les extrémités occidentale et septentrionale de l'archipel, au nord et à l'ouest de Honshu, ainsi que dans les îles Shikok et Kyushu où des « daimyo de l'intérieur » ont pour mission de surveiller leurs activités.

Tout en réaffirmant l'autonomie théorique des daimyo, les Tokugawa les contrôlent suffisamment pour décourager toute tentative de rébellion individuelle ou collective. La masse des soldats japonais reste répartie entre les différents daimiats, mais les effectifs militaires et les travaux de fortifications de chaque domaine demeurent soumis à la tutelle toujours perceptible de Edo. Même les mariages et les relations contractuelles entre différentes familles de daimyo sont l'objet d'une surveillance minutieuse. Les daimyo sont exemptés d'impôts, mais les Tokugawa, afin de les empêcher d'amasser une trop grande fortune, les convoquent périodiquement à Edo pour accomplir des travaux d'infrastructure ou diverses tâches d'intérêt général. Le gouvernement de Edo institue d'autre part une catégorie spéciale de fonctionnaires — les *metsuke* * — faisant à la fois office de censeurs chargés de dénoncer les mauvais serviteurs de l'Etat et de mouchards préposés à la surveillance des hommes et des groupes suspects au régime. Ainsi, le gouvernement des Tokugawa a-t-il le privilège peu enviable d'avoir été parmi les premiers à disposer d'une importante et efficace police secrète, bientôt érigée au rang de principal organe de l'Etat.

Pour mieux contrôler l'activité des daimyo, les Tokugawa inaugurent un véritable système de résidence obligatoire à la cour du shogun. Cette pratique, connue sous le nom de *sankin-kotai* * ou système de « résidence alternée », consistait à obliger les daimyo à passer une année sur deux à Edo et à y laisser en permanence leur femme et leurs enfants en otage. Une surveillance attentive s'exerçait aux débouchés des différentes routes partant de la capitale afin de prévenir toute tentative de fuite des épouses captives; en sens inverse, on s'assurait qu'aucune arme à feu n'était introduite dans la cité. Les évasions d'otages et l'introduction clandestine d'armes à feu passaient en effet pour les signes avant-coureurs des révoltes. La règle du *sankin-kotai* obligeait les daimyo à entretenir une demeure permanente à Edo, parfois même plusieurs. C'était pour eux une lourde charge financière qui en contrepartie assurait la prospérité économique de la capitale. Le va-et-vient annuel des daimyo escortés de leur suite constituait une autre grande source de dépenses. Le déplacement de ces étonnantes processions était un spectacle courant de la vie quotidienne, en particulier sur la route qui relie Kyoto à Edo et que l'on appelle le *Tokaido* *.

Pour se maintenir au pouvoir, les Tokugawa doivent non

Procession le long du Tokaïdo des daimyo astreints au Sankin-kotai.

seulement contrôler les daimyo mais encore préserver la cohésion de leur propre famille et s'assurer que la maladresse d'un de leurs descendants ne vienne pas compromettre la survie du régime. Tout en respectant la fiction immémoriale de la suprématie impériale et en se contentant du titre de shogun *, c'est-à-dire « généralissime » de l'armée de l'empereur, ils surveillent étroitement la cour de Kyoto. Officiellement cependant, ils reconnaissent en l'empereur le dépositaire ultime de la légitimité étatique et lui versent une généreuse liste civile. Ieyasu se souvenant que les descendants de Nobunaga et Hideyoshi ont été rapidement évincés du pouvoir, prend la précaution de transmettre de son vivant, en 1605, le titre de shogun au moins doué de ses fils — qui est aussi le moins contesté. Ainsi sa mort, survenue en 1616, ne provoque aucun trouble politique. Ieyasu et ses premiers successeurs mettent en place une solide administration centrale capable de gérer le pays, indépendamment des shogun souvent réduits au rôle de simples figurants.

L'administration centrale fut placée sous l'autorité de deux conseils : le conseil des Anciens ou *roju* * subordonné, le cas échéant, à un « Grand Ancien » ou *tairo* * et le conseil des Jeunes Anciens ou *wakadoshiyori* *. Tous deux étaient composés de daimyo héréditaires et commandaient à une nombreuse bureaucratie recrutée parmi les « porte-étendard » et les « gentilshommes de la maison du shogun ». Des gouverneurs civils ou *bugyo* * se déplaçaient deux par deux pour contrôler les affaires financières, inspecter les sanctuaires, les temples et les principales villes du pays. Il existait en outre une multitude de fonctionnaires chargés de tâches diverses; par exemple les personnels des cours de justice et les membres des régiments choisis parmi les hommes de la suite du shogun, ou encore les régisseurs domaniaux.

Cette organisation administrative se signalait par son

LE SHOGUNAT SOUS LES TOKUGAWA

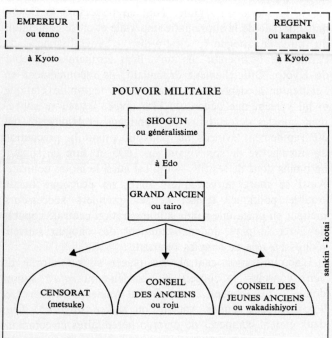

POUVOIR SACERDOTAL

```
┌ ─ ─ ─ ─ ─ ─ ─ ┐
    EMPEREUR
  ou tenno
└ ─ ─ ─ ─ ─ ─ ─ ┘
```
à Kyoto

POUVOIR CIVIL

```
┌ ─ ─ ─ ─ ─ ─ ─ ┐
    REGENT
  ou kampaku
└ ─ ─ ─ ─ ─ ─ ─ ┘
```
à Kyoto

POUVOIR MILITAIRE

```
┌─────────────┐
│   SHOGUN    │
│ou généralissime│
└─────────────┘
```
à Edo

```
┌─────────────┐
│ GRAND ANCIEN│
│  ou tairo   │
└─────────────┘
```

| CENSORAT (metsuke) | CONSEIL DES ANCIENS ou roju | CONSEIL DES JEUNES ANCIENS ou wakadishiyori |

sankin - kotai

LES GOUVERNEURS CIVILS ou bugyo

LES DAIMYO

POUVOIR LOCAL

POUVOIR FEODAL

- - - - - - - - - -

Autorités théoriques

Autorités réelles

double caractère bureaucratique et collégial. En dépit du contexte social typiquement féodal, les conditions de recrutement des fonctionnaires étaient régies par des procédures bureaucratiques. Si le statut héréditaire limitait le choix des postes auxquels chacun pouvait prétendre, le talent individuel restait, à l'intérieur de ces limites, la clé des carrières, principalement pour l'accès aux emplois supérieurs. On se souvient que lorsque le Japon avait adopté entre le VIIe et le VIIIe siècle les principes de la bureaucratie chinoise, il ne disposait pas encore d'une véritable classe de fonctionnaires. Dix siècles plus tard, une authentique bureaucratie s'était constituée derrière la façade féodale, associant les forces et les faiblesses inhérentes à un tel mode d'administration. Le second trait caractéristique était la collégialité des décisions. Dans tous les domaines, la responsabilité collective primait l'autorité individuelle. Les détenteurs des fonctions officielles ne jouaient qu'un rôle de figurants et la réalité du pouvoir appartenait à des conseils et à des fonctionnaires travaillant par paires. Ainsi le goût japonais pour l'anonymat des décisions et le partage de l'autorité s'affirmait dès cette époque dans la pratique quotidienne de l'administration.

L'organisation des daimiats tendait à reproduire à plus petite échelle celle du gouvernement de Edo. Les daimyo étaient dépourvus de toute autorité propre et confiaient la gestion de leur domaine à une bureaucratie en miniature. Les règlements qu'ils édictaient étaient calqués sur les lois shogunales et leurs capitales apparaissaient comme autant de répliques de Edo. A l'exception de Kyoto et de quelques villes portuaires, la plupart des centres urbains s'étaient formés à partir des résidences des grands daimyo. Ces demeures qui émaillent encore les paysages japonais avaient peu de traits communs avec les châteaux européens. Elles étaient entourées de bâtiments de bois, souvent fragiles, et d'enceintes formées par de larges douves et d'épaisses murailles renforcées par des remblais de terre. Edifiées pour la plupart d'entre elles à la fin du xvie siècle, elles étaient conçues pour résister aux attaques d'artillerie.

Une pyramide sociale à quatre étages.

Les améliorations apportées à l'administration par les Tokugawa ont sans doute constitué un incontestable progrès; mais la stabilité politique acquise grâce à ces transformations fut obtenue au prix d'une stabilisation de la société qui équivaut à une lente régression. On se souvient que Nobunaga, en écrasant le pouvoir militaire de la Vraie secte de la Terre Pure et en soumettant la cité commerciale d'Osaka, avait porté un coup sévère aux progrès des classes moyennes et des couches populaires. Mais Hideyoshi, fantassin d'humble origine dépourvu de patronyme, avait symbolisé par sa réussite l'éclatement des anciennes barrières de la société féodale; c'est pourtant lui qui porta le second coup aux aspirations politiques des masses rurales. Afin de résorber les effectifs pléthoriques d'une classe militaire que l'unification du pays rendait inutile, il établit un rigoureux clivage entre les paysans et l'aristocratie guerrière. Les paysans durent remettre sabres et armes aux représentants du gouvernement et renoncer à leur rôle de « paysans-soldats ».

En accédant au pouvoir les Tokugawa reprennent et systématisent la politique de Hideyoshi. Adoptant les théories sociales du confucianisme * apparues en Chine deux mille ans auparavant, ils créent une hiérarchie sociale à quatre échelons. Au sommet, viennent les guerriers-administrateurs suivis par les paysans, les artisans et enfin les marchands. Le premier ordre, de création largement artificielle, reproduit les grandes lignes de l'organisation militaire des débuts de la période féodale. Les membres de cette nouvelle aristocratie que les Occidentaux appellent samouraï et les Japonais *bushi* *, n'ont guère le droit de se mêler aux autres couches de la société et portent comme signe distinctif deux sabres, un long et un court. Les marchands viennent en bas de l'échelle sociale en dépit de leur influence sur la vie économique et culturelle du pays. La doctrine de Confucius et les valeurs agrariennes de l'éthique féodale s'accordent à les classer parmi les improductifs. Bien que ce système de stratification apparaisse déjà rétrograde dans le Japon du XVIIᵉ siècle, les Tokugawa et la classe privilégiée vont s'y accrocher obstinément pendant deux siècles et demi; ils resteront fidèles à la théorie des quatre ordres hiérarchisés et imposeront une séparation étanche entre les samouraï et les autres composantes du corps social.

Les Tokugawa ne se bornent pas à puiser dans les anciennes théories sociales du confucianisme; ils encouragent systématiquement l'étude de la philosophie confucéenne, dans l'espoir d'y trouver un élément stabilisateur de la vie intellectuelle du pays. Le confucianisme enseigne au maître et au serviteur à tenir leur rang et semble fournir une philosophie officielle idéale, capable d'alimenter un solide loyalisme à l'égard du régime. Ayant constitué pendant un millénaire le soubassement de l'Etat bureaucratique chinois, cette religion n'est-elle pas propre à renforcer le type de régime dont l'archipel commence à faire l'expérience?

Dès 1608, Ieyasu nomme à la cour un philosophe confucéen qui a rang de savant officiel et patenté. A partir de ce modeste début, une florissante école confucéenne s'épanouit à Edo. On y enseigne la doctrine développée en Chine au XIIᵉ siècle par Chu Hsi, en japonais Shushi. Puis apparaissent divers courants qui rejettent l'interprétation orthodoxe de la doctrine de Confucius. Pendant toute la période Tokugawa, ce mouvement de

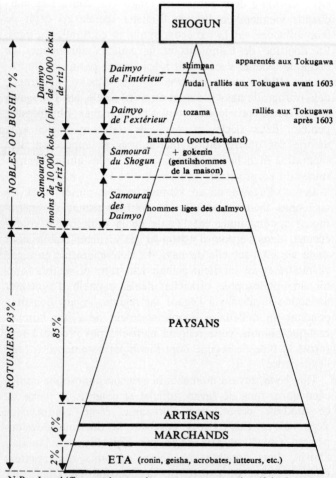

LA STRUCTURE SOCIALE
SOUS LE SHOGUNAT DES TOKUGAWA

SHOGUN

Daimyo de l'intérieur — shimpan — apparentés aux Tokugawa

fudai — ralliés aux Tokugawa avant 1603

Daimyo de l'extérieur — tozama — ralliés aux Tokugawa après 1603

Samouraï du Shogun — hatamoto (porte-étendard) + gokenin (gentilshommes de la maison)

Samouraï des Daimyo — hommes liges des daïmyo

Daimyo (plus de 10 000 koku de riz)

Samouraï (moins de 10 000 koku de riz)

NOBLES OU BUSHI 7 %

PAYSANS

85 %

ARTISANS

MARCHANDS

6 %

ETA (ronin, geisha, acrobates, lutteurs, etc.)

2 %

ROTURIERS 93 %

N.B. : Les chiffres représentent le pourcentage approximatif de chaque catégorie par rapport à la population totale.

réflexion doctrinale autour du confucianisme contribue à former parmi les samouraï plusieurs générations d'érudits et de penseurs. Accédant aux responsabilités du pouvoir, ces hommes se révèlent d'efficaces administrateurs; beaucoup vont contribuer par le rayonnement de leur enseignement à la sauvegarde de la vie intellectuelle du Japon que menacent d'étouffer les contraintes sécrétées par le système politique et social.

Les couches populaires subissent à leur tour l'influence de ce regain d'intérêt en faveur du confucianisme; elles sont gagnées aux valeurs de l'éthique chinoise : idéal de désintéressement, passion du service public, goût du savoir sous toutes ses formes. Le bouddhisme demeure la religion dominante et continue à bénéficier d'un patronage officiel. Mais le confucianisme tend à le supplanter comme principale force intellectuelle et morale du pays; il s'affermit et s'implante en profondeur au moment même où le bouddhisme manifeste des signes d'essoufflement et perd la vitalité qu'il avait connue à l'époque des Ashikaga. De la rencontre des préceptes confucéens et des valeurs guerrières traditionnelles, naît le code non écrit du samouraï, que le langage universitaire désigne par le terme romantique de *bushido* * ou « voie du soldat ».

Persécutions religieuses et isolationnisme.

Le gouvernement de Edo tente d'assurer sa stabilité politique interne par des mesures rigoureuses en matière de relations internationales, mesures qui revêtent une importance nouvelle avec l'arrivée des Européens dans les mers d'Asie. Les premiers Occidentaux à atteindre le Japon sont des marins portugais. Ils débarquent en 1543 dans une île voisine de la pointe méridionale de Kyushu. Les relations commerciales entre les Portugais et les seigneurs féodaux de l'ouest de Kyushu connaissent un fulgurant départ. D'emblée, les Japonais manifestent leur intérêt pour les armes à feu des Européens; l'usage s'en répand rapidement à travers l'archipel, bouleversant les données traditionnelles de l'art militaire.

Les contacts avec les Portugais changent de nature avec saint François Xavier; le célèbre missionnaire jésuite introduit le christianisme au cours du séjour qu'il effectue au Japon entre 1549 et 1551. Sa mission évangélisatrice connaît un succès considérable. Les sectes bouddhistes ne tardent pas à s'aviser que le christianisme constitue pour elles un dangereux rival qu'il importe de combattre vigoureusement. Cependant, plusieurs seigneurs de Kyushu protègent les missionnaires car ils ont remarqué que les Portugais font accoster leurs navires dans les ports qui ont réservé un accueil favorable aux ordres religieux. Un petit daimyo converti au christianisme et appuyé par les Portugais, parvient à faire du modeste port de pêche de Nagasaki à l'ouest de Kyushu, le haut lieu des relations commerciales de l'archipel. A sa suite, de nombreux seigneurs subalternes se convertissent au christianisme; en 1578 un des grands daimyo de Kyushu embrasse à son tour la nouvelle religion. Dans tout le Japon occidental, particulièrement à Kyushu et à Kyoto, les conversions se multiplient parmi les différentes couches de la société. Autour de 1580, on estime le nombre des chrétiens à près de 150 000. Au début du XVIIe siècle, le chiffre a doublé; il représente pour l'époque une fraction de la population totale supérieure à celle qu'occupe aujourd'hui la communauté chrétienne au Japon.

Hideyoshi et ses successeurs du clan Tokugawa ne nourrissaient aucune hostilité de principe à l'égard de la religion chrétienne, mais ils la suspectaient de faire peser une menace politique latente sur le régime qu'ils avaient établi. Les chrétiens n'obéissaient-ils pas à un vieux souverain

européen, le pape? Ne risquaient-ils pas de menacer l'unité
japonaise rétablie de fraîche date? Par ailleurs, Hideyoshi
et les premiers Tokugawa n'ignoraient pas les progrès de
l'expansion coloniale européenne en Asie du Sud-Est; ils
savaient que les missionnaires chrétiens avaient souvent
ouvert la voie à la pénétration militaire et à la conquête.
Tout en souhaitant conserver de profitables relations commerciales avec les Européens, les autorités japonaises
acquirent peu à peu la conviction qu'il importait de bannir
le christianisme pour assurer la stabilité politique et la
sécurité de leur pays.

En 1587, alors qu'il achevait de soumettre le Japon
occidental, Hideyoshi décréta l'expulsion de tous les missionnaires chrétiens. Pendant dix ans cependant il ne se
soucia guère de faire appliquer cette mesure; puis, indis-
posé par une dispute survenue entre jésuites portugais et
franciscains espagnols — ces derniers avaient ouvert une
mission au Japon en 1593 —, il fit exécuter neuf prêtres
européens et dix-sept de ses sujets récemment convertis
au christianisme. Ieyasu revint un instant sur cette politique de fermeté; dans l'espoir d'inciter les marchands
espagnols à venir commercer directement dans la région de
Edo, il protégea leurs compatriotes missionnaires. Mais
dans le même temps, l'arrivée de marchands protestants
anglais et hollandais, peu soucieux de prosélytisme religieux, convainquit Ieyasu qu'il n'était pas indispensable de
tolérer le christianisme pour entrer en relations commerciales avec les pays européens. En 1609, les Hollandais
établirent un comptoir dans l'île de Hirado, au nord-ouest
des côtes de Kyushu; les Anglais en firent autant en 1613.
Ieyasu reprit alors la politique de persécutions instaurée
par Hideyoshi et procéda à de nouvelles exécutions de
religieux et de convertis. Dans les années qui suivirent,
tous les missionnaires furent exterminés ou contraints de
quitter le Japon. Des milliers de chrétiens durent apos-

tasier ou souffrir le martyre. Pour détecter les croyants, on prescrivait aux citoyens de fouler aux pieds un crucifix ou un symbole religieux de même nature; tous ceux qui refusaient étaient condamnés à mort. La persécution des chrétiens s'arrêtera faute de victimes, à la suite de la révolte dramatique des paysans anciennement christianisés de la région de Nagasaki. En 1637-1638, 37 000 personnes retranchées dans une vieille forteresse délabrée, soutiennent pendant trois mois le siège des forces gouvernementales appuyées par les décharges d'artillerie des navires hollandais. Après la chute de la forteresse, les rebelles sont massacrés jusqu'au dernier. Cette catastrophe finale marque l'acte de décès du christianisme japonais qui dorénavant cessera de compter parmi les forces religieuses organisées du pays.

Les successeurs de Ieyasu, de plus en plus soupçonneux à l'égard des étrangers et fermement résolus à maintenir le statu quo politique, entreprennent d'isoler le Japon du monde extérieur. Les Anglais avaient déjà délaissé leur comptoir de Hirado, jugé insuffisamment rentable; les Espagnols sont expulsés du pays en 1624. Les Portugais à leur tour sont accusés de complicité avec la rébellion chrétienne et frappés de bannissement en 1638. Lorsqu'ils envoient, deux ans plus tard, une ambassade chargée de rétablir les relations commerciales avec l'archipel, les Japonais signifient leur refus en exécutant leurs envoyés.

Les missionnaires et les marchands étrangers ne sont pas seuls à souffrir des rigueurs des Tokugawa. Les commerçants japonais eux-mêmes éveillent les craintes du gouvernement de Edo. Celui-ci redoute que les entreprises nippones de commerce maritime ne préludent au réveil de la religion chrétienne ou des idées dangereuses pour le régime. En 1636, il interdit à tout Japonais de se rendre à l'étranger et s'oppose au retour dans l'archipel des sujets nippons résidant sur le continent. Deux ans plus tard, un autre décret interdit la construction des navires de commerce lointain. Désormais, la marine marchande japonaise ne doit plus comporter que des navires de cabotage aux dimensions modestes. Ces mesures portent un brutal coup d'arrêt à l'expansion du commerce maritime ; des milliers de Japonais installés à l'étranger, définitivement coupés de la mère patrie, en sont réduits à perdre leur identité nationale et doivent, *volens, nolens,* s'intégrer aux populations des grandes métropoles de l'Asie du Sud-Est.

Tout en restant fidèles à cette politique d'isolationnisme rigoureux, les Tokugawa prennent la sage précaution de ne pas rompre tous les contacts avec l'étranger. Nagasaki reste une fenêtre ouverte sur le monde. Moyennant des contrôles sévères, les marchands chinois ont la possibilité d'y faire relâche et d'y échanger leurs produits. Les commerçants hollandais, quant à eux, sont contraints de transférer le comptoir qu'ils avaient à Hirado, dans une petite île du port de Nagasaki où ils doivent s'accommoder d'une vie de ghetto.

Des mentalités figées dans l'archaïsme.

Les mesures prises par les Tokugawa en vue d'assurer la pérennité de leur régime furent lourdes de conséquences. Elles étouffèrent toutes les forces de changement économique et social et maintinrent le pays dans un isolement générateur de retard scientifique et industriel. La population cessa d'augmenter à partir de 1700 et se stabilisa aux environs de 30 millions d'habitants pendant les cent cinquante dernières années du régime des Tokugawa.

Il est juste de reconnaître que les Tokugawa atteignirent pleinement leur objectif de stabilité politique. Du milieu du XVII° au milieu du XIX° siècle, aucune révolution, aucun trouble, aucun incident ne menaça leur suprématie. Seules quelques explosions de colère des hommes ou de la nature vinrent troubler épisodiquement la paix publique : un grand incendie à Edo, un tremblement de terre particulièrement destructeur, la dernière éruption importante du Fuji-Yama en 1707, les soulèvements intermittents de citadins réduits à la misère — le plus sérieux à Osaka en 1837 — ou les révoltes sporadiques de paysans obérés d'impôts ou exaspérés par les exactions des fonctionnaires. Jamais cependant les rébellions ne débouchèrent sur un mouvement d'ampleur nationale qui pût mettre en cause l'ordre politique et social du pays.

On peut se faire une idée assez juste des précautions prises pour sauvegarder le calme politique grâce à l'épisode des quarante-sept ronin * qui prend place entre 1701 et 1703. C'est le seul incident politique au cours de ces deux siècles qui ait imprimé sa marque à la sensibilité collective au point de devenir un thème inépuisable d'inspiration littéraire et dramatique. Le récit rapporte l'histoire d'un daimyo qui, à la suite d'une grave insulte reçue d'un haut fonctionnaire de la cour du shogun, dégaine son sabre et blesse l'homme qui a terni son honneur. L'usage du sabre étant interdit dans l'enceinte du château de Edo, les autorités condamnent l'infortuné daimyo à se suicider et confisquent son domaine. Ses vassaux perdent par contrecoup leur statut de samouraï et tous les privilèges qui s'y attachent. Ils deviennent des *ronin *,* c'est-à-dire des samouraï déclassés ne relevant d'aucun maître.

Quarante-sept d'entre eux font vœu de venger leur maître. Sachant que le gouvernement ne manquera pas de surveiller leurs agissements, ils s'attachent d'abord à désarmer ses préventions. Pendant plus de deux ans ils attendent patiemment l'heure de la revanche. Leur chef affiche aux yeux de tous une vie de débauche et d'avilissement destinée à écarter les soupçons qui pèsent encore sur lui. Finalement, par une nuit de neige, les quarante-sept ronin se regroupent à Edo, s'introduisent par effraction dans la demeure de leur ennemi et vengent leur maître en décapitant l'homme qui l'avait insulté ainsi que plusieurs samouraï de sa suite. Ils se sont joués de l'autorité de Edo; mais leur loyauté désintéressée à l'égard de leur suzerain leur vaut immédiatement une réputation de héros nationaux. Après bien des délibérations, le gouvernement décide de les autoriser à expier leur crime honorablement en se faisant *seppuku* *. Ce mode de suicide que nous appelons *harakiri* * consiste à s'ouvrir le ventre. Aujourd'hui encore on peut voir dans un paisible sanctuaire de Tokyo, les sobres sépultures où reposent côte à côte les quarante-sept ronin.

Deux siècles de paix civile imposée avec une énergie vigilante pesèrent sur le comportement des citoyens. Les Japonais hardis et aventureux du XVIe siècle étaient devenus au XIXe siècle des sujets obéissants, attendant docilement et humblement de leurs supérieurs hiérarchiques des ordres qu'ils exécutaient avec une parfaite résignation. Ils avaient appris à respecter scrupuleusement des règles de conduite immuables. En l'absence de directives particulières, il leur suffisait d'observer l'étiquette communément admise pour savoir régler leur comportement. Cet enrégimentement collectif dessinait l'image d'un peuple replié sur lui-même dont le conformisme tenait lieu de *consensus*. Au début du XIXe siècle, les antagonismes étaient peu perceptibles, les règles de bienséance observées par tous, et le recours à la violence, exceptionnel. Peu de pays pouvaient se flatter de jouir d'une telle paix sociale. Rares sont les peuples qui ont connu au cours de leur histoire un semblable état de soumission à des ordres venus d'en haut et à des traditions immémoriales. Quand d'aventure les Japonais devaient faire face à une situation inédite qu'aucun précédent n'avait prévue, ils témoignaient d'une capacité d'adaptation très inférieure à celle des autres peuples. On se gardera d'en conclure que les événements extérieurs ne les affectaient pas; il leur est arrivé, en présence de situations où leur schéma de conduite courtoise paraissait inapplicable, de réagir en recourant à la violence. Peut-être tient-on là une des explications du contraste entre la docilité affable qui caractérise les citoyens japonais chez eux et les excès parfois mêlés de cruauté auxquels ils se sont livrés à l'étranger dans la première moitié du xxᵉ siècle.

Au total, la longue période de paix de l'ère Tokugawa fut à bien des égards bénéfique. Mais, en interrompant le mouvement naturel du progrès social et économique, les Tokugawa cristallisèrent un ordre politique et social suranné. Ils pérennisèrent artificiellement des structures et des mentalités féodales qui n'auraient pas survécu dans une société libérée de ses entraves et ouverte sur le monde extérieur. Ils conservèrent sans changement un système politique et social qui, déjà au début du xviiᵉ siècle, apparaissait éminemment conservateur. Il fallut attendre le milieu du xixᵉ siècle pour que ce pays, handicapé par l'archaïsme de ses cadres intellectuels et de ses structures sociales, fût mis en présence d'Européens qui, au cours des deux siècles précédents, venaient d'accomplir un prodigieux bond en avant dans le vaste champ de l'expérience humaine.

7

Le crépuscule de la féodalité

Dans leur effort de stabilisation et d'isolement, les Tokugawa ne parviennent pas à neutraliser entièrement les forces de changement ni à arrêter le cours naturel de l'évolution historique. Il est assurément plus facile de figer les institutions politiques d'un pays que d'endiguer les mécanismes qui commandent sa vie économique et sociale. Dès le XVIe siècle, la société et l'économie japonaises se sont partiellement dégagées du carcan féodal. Le gouvernement autoritaire de Edo lui-même, n'a pu rétablir toutes les contraintes d'antan.

La formation d'un marché national.

L'œuvre d'unification et de pacification intérieure des Tokugawa sonnait le glas de l'économie féodale. La réalisation de l'unité nationale en supprimant les mille et une entraves qui, sous les Ashikaga, paralysaient les échanges, favorisa l'expansion du commerce. En dépit de son morcellement persistant en daimiats, le Japon devint un espace économique d'un seul tenant. Au XIXe siècle, le marché national servit de point de départ au processus de modernisation engagé avec la réouverture du pays.

La centralisation politique autour de Edo préluda à l'unification économique du pays. Le système du *sankin-kotai* * en particulier, joua un rôle décisif; il contraignait les daimyo à entretenir un double train de vie et à supporter chaque année de lourds frais de déplacements entre leur domaine et la capitale. Pour faire face à ces charges financières, il leur fallut accroître leur production de riz, de denrées agricoles diverses et de biens manufacturés. Par ailleurs, la tutelle exercée par le shogun sur la région centrale — seul foyer actif du pays — et sur les principales villes, fut le second moteur du développement économique. En dépit des entraves à la circulation des produits et de la survivance de nombreux monopoles régaliens, les marchands des grandes villes, forts de la protection du shogun, commencèrent à exercer leur activité à l'échelle de l'archipel tout entier. Affranchis des péages et des restrictions de la période antérieure, ils purent se passer du soutien de la vieille organisation protectrice des guildes. La plupart de celles-ci tombèrent en désuétude tandis que des entreprises indépendantes et des associations commerciales ou industrielles fondées sur le principe de la libre entreprise surgissaient dans un environnement économique profondément transformé.

Pourtant, les Tokugawa, les daimyo et l'ensemble de la classe aristocratique s'accrochèrent obstinément à l'idée que l'agriculture constituait l'unique source de richesse d'un pays; ils continuaient à mesurer leurs revenus en *koku* * de riz au moment où, dans les villes, une classe commerçante active jetait les bases d'une économie d'échanges a priori peu compatible avec les structures d'une société féodale. L'ancienne capitale impériale de Kyoto connut un nouveau dynamisme et devint le foyer d'une production artisanale de haute qualité qui s'est perpétuée jusqu'à nos jours. Osaka, grâce à sa position stratégique à l'extrémité orientale de la Mer intérieure, accéda au rang de principal entrepôt commercial du Japon occidental. De nombreux daimyo y établirent des maisons de commerce pour y écouler leur production agricole ou se livrer aux activités économiques les plus variées. Edo dépassait en importance Kyoto et Osaka pourtant plus anciennes; au XVIIIe siècle, sa population atteignait le million d'habitants grâce à l'apport des nobles astreints au *sankin-kotai* *. Une telle concentration humaine en faisait la première agglomération mondiale, record qu'elle détient aujourd'hui encore sous le nom de Tokyo. A la faveur de ces conditions nouvelles, une véritable économie monétaire se développa sur l'ensemble de l'archipel. L'agriculture commercialisait une part croissante de ses produits sur le marché national. Le crédit sous toutes ses formes devenait d'un usage courant pour les transactions de quelque importance. Deux bourses de commerce à Osaka et à Edo publiaient les variations quotidiennes du cours du riz.

Les marchands qui occupaient dans la hiérarchie sociale d'inspiration aristocratique la position la plus basse, s'assurèrent un rôle dominant dans la vie économique. Dès la fin du XVIIe siècle, on trouvait dans toutes les grandes villes une classe de marchands et de prêteurs avisés et expérimentés. Certains avaient acquis une fortune considérable, comme les Mitsui qui, dans la première moitié du XXe siècle, se trouveront à la tête de la plus puissante concentration économique du monde. Dans cette économie monétaire en plein développement, daimyo et samouraï éprouvaient souvent de graves difficultés financières; nombreux étaient ceux qui devaient s'endetter auprès de riches marchands des villes. Bientôt la frontière séparant l'aristocratie de la classe marchande commença à s'estomper par le jeu combiné des alliances matrimoniales et des itinéraires individuels de régression ou d'ascension sociale. Cependant la plupart des commerçants avaient trop conscience de dépendre des autorités féodales pour ne pas conserver une attitude de prudente expectative et une circonspection de bon aloi. Mais à la fin du XVIIIe et au début du XIXe siècle, une nouvelle couche d'entrepreneurs plus agressifs com-

mença à émerger des zones rurales. Son apparition sonna
le réveil des campagnes japonaises.

Réveil et instabilité des campagnes.

Plusieurs indices soulignent la médiocrité fondamentale
de la condition paysanne japonaise à partir du XVIIIᵉ siècle : famines intermittentes, jacqueries fréquentes, malthu-
sianisme démographique des ruraux à partir de 1700. En
dépit de ces symptômes qui attestent l'existence d'un grave
malaise, le Japon rural a enregistré pendant toute cette
période des progrès réguliers qui se sont traduits par un
accroissement des revenus, une spécialisation des cultures,
une amélioration des techniques agricoles, et une intégra-
tion des activités rurales dans les circuits économiques de
la nation. Le clivage entre classe guerrière et classe paysanne établi par Hideyoshi et les Tokugawa ne comportait pas seulement des aspects négatifs. Si dans certains
fiefs la classe aristocratique continuait à exercer tous les
pouvoirs, dans bien des régions les paysans étaient libres
d'organiser la vie villageoise à leur gré dès lors qu'ils se
montraient paisibles et qu'ils payaient l'impôt. Le plus
souvent, le terroir était divisé en petites parcelles fami-
liales qui, en fait sinon en droit, appartenaient aux paysans
eux-mêmes. L'agriculture de subsistance tendait à être
relayée par une agriculture travaillant pour le marché.
Pour accomplir les gros travaux, on n'hésitait pas à embau-
cher une main-d'œuvre salariée. Autant d'indices révéla-
teurs du dépérissement de l'organisation économique de
type féodal.

Les campagnes japonaises de la période Tokugawa participèrent également au progrès culturel et intellectuel.
Alors que les guerriers du XVIᵉ siècle étaient généralement
des hommes incultes, les samouraï, tributaires de leur édu-

cation confucéenne et des exigences d'une administration de type bureaucratique, furent souvent des esprits cultivés, parfois même des intellectuels. Cette évolution dictée par les besoins d'une économie plus complexe, affecta également la classe marchande et l'élite des ruraux. Dans plusieurs fiefs on vit apparaître des établissements d'enseignement destinés aux samouraï; les citadins et les paysans devaient se contenter de petites académies privées connues sous le nom d' « écoles monastiques ». On estime qu'à la fin de la période Tokugawa environ 45 % des hommes savaient lire et écrire contre 15 % seulement des femmes. De semblables pourcentages supportent aisément la comparaison avec ceux des pays d'Europe à la même époque et ils excèdent de très loin ceux des autres pays asiatiques.

Un art baroque d'inspiration populaire.

L'influence de la classe marchande sur la vie sociale à l'époque Tokugawa se manifeste peut-être de façon plus sensible dans le domaine culturel qu'en matière strictement économique. Les arts et la littérature de cette période reflètent davantage les préoccupations de la bourgeoisie urbaine que celles de l'aristocratie féodale. Sous les Tokugawa, les villes deviennent les foyers de la civilisation et les quartiers d'amusement sont le théâtre d'une vie sociale intense. Le marchand harassé et le samouraï décadent s'y côtoient. La ville leur permet de s'affranchir des servitudes domestiques, des pesantes contraintes sociales et de jouir librement de la société féminine. C'est alors que s'ébauche la figure de la *geisha* *, cette compagne raffinée qui sait pratiquer avec un égal talent le chant, la danse et la conversation d'agrément.

Toutes les productions artistiques et les œuvres littéraires de cette période sont étroitement liées à l'animation de ces lieux de distraction. Les artistes de l'ère Tokugawa aiment à croquer les beautés célèbres qui hantent les rues des quartiers de plaisir. Saikaku, le grand romancier du XVIIe siècle japonais, situe dans ce demi-monde les intrigues de ses récits licencieux. Avec les progrès de l'imprimerie, les ouvrages de Saikaku et des écrivains populaires de cette époque connaissent une vogue prodigieuse en milieu urbain.

Le théâtre reflète également les goûts de la classe marchande. Au XVIIe siècle, les spectacles de marionnettes se développent et donnent naissance à une nouvelle forme d'art dramatique connue sous le nom de *kabuki* *. Le « théâtre de poupées » et le *kabuki,* aujourd'hui encore bien vivants, ont toujours leurs adeptes attitrés. Le *kabuki* se caractérise surtout par le réalisme de l'action et de la mise en scène. Il utilise avec succès les scènes pivotantes et ses productions sont, à bien des égards, supérieures à celles de l'Occident. Contrastant fortement avec le rythme lent et sans surprise du *nô* de la période Ashikaga, le *kabuki* ménage au spectateur des moments de suspense et abonde en épisodes violents et mélodramatiques.

Le grand dramaturge de la période Tokugawa, Chikamatsu (1653-1724), tire ses sujets de l'histoire nationale et de la vie du menu peuple urbain à laquelle il emprunte notamment le thème du double suicide des amants contrariés.

La forme poétique alors la plus populaire est le *haiku* * dont la composition élaborée s'accorde admirablement à la sensibilité citadine, bien qu'il ait en réalité plus d'affinités avec le *Zen* qu'avec la mentalité bourgeoise. Dérivé des « courts poèmes » de la période classique, le *haiku* a un rythme encore plus ramassé puisqu'il comporte dix-sept syllabes au lieu de trente et une. Sous la plume d'un maître comme le moine poète Bashô au XVIIe siècle, il devient une création d'une grande puissance de suggestion.

Une phrase ou deux suffisent à restituer le jeu ineffable de nuances subtiles et d'émotions fugitives qu'une simple scène peut évoquer. Dans sa brièveté, le *haiku* utilise un matériel verbal encore plus réduit que le « court poème » de la période précédente. Des milliers de versificateurs se mettent à cultiver ce genre nouveau qu'ils finiront par réduire à un brillant exercice de style, souvent empreint d'une certaine préciosité.

Sous Hideyoshi et les premiers Tokugawa, les conceptions esthétiques s'affranchissent peu à peu des influences *zen* qui avaient imprimé leur marque à toutes les œuvres de la période Ashikaga. Aux paysages pleins de sérénité qui constituaient le motif favori des peintres de l'époque antérieure, succède un goût du luxe et de la magnificence picturale sans doute plus conforme à un temps de grandeur politique et de gloire militaire. De somptueux palais sont édifiés et décorés au prix d'efforts considérables. Les œuvres les plus caractéristiques de ce siècle sont de superbes paravents et panneaux décoratifs où des scènes traitées en couleurs vives se détachent sur un fond doré à la feuille. Cette esthétique de la surabondance trouve également son expression dans un art des jardins qui renonce à la miniaturisation [1], et dans une architecture volontiers boursouflée. Les mausolées rutilants des premiers Tokugawa que l'on peut toujours visiter dans le site accidenté et boisé de Nikko au nord de Edo, sont particulièrement représentatifs du baroque japonais. On est ici aux antipodes de la profonde spiritualité qui émanait des bouddhas et des bustes de moines que la statuaire nippone a représentés inlassablement jusqu'à la fin du XVIe siècle; désormais, la sculpture acquiert une fonction essentiellement

1. Ainsi, le jardin de la villa Katsura à Kyoto (ère Momoyama) couvre plusieurs fois l'étendue du Tenryuji (ère Heian) et plusieurs dizaines de fois celle du Ryoanji (ère Muromachi); cf. *supra* illustration, p. 89. (N.d.T.)

décorative et ornementale; elle a pour mission d'agrémenter les temples et les palais de ses multiples fioritures.

Dès les premières années du shogunat des Tokugawa, les productions artistiques se signalent par une inspiration plus populaire que sous les Ashikaga; la preuve en est donnée par le goût pour les statuettes et les colifichets ainsi que par le choix de motifs décoratifs souvent tirés de la vie du petit peuple des villes. Si quelques grands artistes continuent à produire des œuvres destinées à l'aristocratie, la plupart s'attachent à satisfaire les goûts de la bourgeoisie nouvelle. Ainsi, se développe la technique de la reproduction xylographique qui permet d'imprimer pour un prix raisonnable de nombreux exemplaires d'une même estampe polychrome. Les sujets les plus reproduits sont des acteurs célèbres, des courtisanes renommées, des femmes élégantes, parfois représentées avec une légère intention érotique; par la suite se développe le goût des reproductions de paysages et de sites, lointains ancêtres de nos cartes postales. Ces techniques sont assurément une des premières manifestations connues au monde d'un art véritablement populaire. Leur apogée se situe au début du XIXe siècle avec les paysages des deux grands maîtres Hokusaï et Hiroshige. L'estampe, qu'ils portent à un degré de perfection jamais atteint, va devenir en Occident le plus réputé des genres artistiques japonais.

Sous les Tokugawa, les progrès de la production de biens finis se traduisent par un perfectionnement des techniques artisanales. Les fabricants de poteries et de porcelaines adoptent les procédés des potiers coréens faits prisonniers par les armées d'Hideyoshi; ils dotent l'archipel d'une poterie nationale d'excellente qualité technique et artistique. L'industrie textile, en rapide progrès, fournit de magnifiques brocarts de soie tandis que la production de laque décorative connaît un développement sans précédent. Dans ces divers domaines, les Japonais font preuve d'un goût esthétique très sûr que la fabrication à grande échelle n'altère jamais. Cette production de masse hautement qualifiée, associée à un sens infaillible de l'esthétique, a caractérisé jusqu'à nos jours l'organisation de l'économie japonaise.

Nouvel attrait pour l'Europe.

Avec la naissance de l'économie commerciale et la montée de la bourgeoisie urbaine, la soif de connaissances et le goût de la spéculation intellectuelle ne cessent de s'affirmer. Cette curiosité se traduit d'abord par un regain d'intérêt pour l'Europe et les choses européennes. Le christianisme et les dangers d'agression étrangère paraissent si lointains que vers 1720, Yoshimune, le seul shogun à poigne de tout le XVIIIe siècle, estime possible de lever l'interdiction qui pesait sur les importations de livres européens, exception faite bien entendu des ouvrages religieux. Immédiatement, une poignée d'hommes dont l'appétit intellectuel compense la faiblesse numérique, s'attelle à l'étude de la science européenne et noue des contacts avec les commerçants hollandais de Nagasaki pour apprendre leur langue. Au bout de quelques décennies, ces nouveaux adeptes des « études hollandaises » rédigent un dictionnaire néerlandais-japonais et traduisent en japonais un traité d'anatomie. Vers le milieu du XIXe siècle, de nombreux Japonais sont devenus des experts de spécialités occidentales aussi variées que l'armurerie, la fonderie, les constructions navales, la cartographie, l'astronomie ou la médecine. Quoique peu nombreux, ils forment un corps de techniciens de grande valeur, capable de donner une nouvelle impulsion au développement scientifique.

Mais c'est surtout l'éveil de la conscience nationale qui prélude à la modernisation du pays. On constate à cet égard que le sentiment national apparaît au Japon plus tôt et sous une forme plus aiguë que dans les autres pays asiatiques. Il se développe et se fortifie au cours d'une évolution multiséculaire. Sa première expression remonte à la grande période d'imitation de la Chine au VIe siècle pendant laquelle les Japonais prennent collectivement conscience de leur infériorité face à la civilisation de l'immense continent chinois.

Notons toutefois que la Corée et les autres pays d'Asie du Sud-Est, dont la situation à l'égard de la Chine est comparable à celle du Japon, seront beaucoup plus lents à découvrir leur propre identité nationale. Les raisons de ce retard tiennent sans doute à leur contiguïté géographique, à l'adoption précoce des pratiques politiques et sociales chinoises et à la subordination militaire périodiquement imposée par le grand voisin. Tous ces éléments ont façonné des mentalités résignées à l'assujettissement culturel et à la dépendance politique. Les Japonais, au contraire, sont séparés du continent par la mer; ils n'ont jamais été vaincus par les armées chinoises et pendant toute la période féodale, ils ont su préserver l'autonomie de leurs institutions. En outre, leur homogénéité ethnique et la barrière infranchissable de la langue (qui existe aussi pour les Coréens) ont découragé toutes les tentatives d'assimilation culturelle. On comprend dans ces conditions que les Japonais n'aient jamais vraiment cherché à s'identifier à la Chine. Ils n'ont cédé aux attitudes comparatives que pour mieux affirmer leur originalité et défendre leurs propres valeurs. Peut-être, l'éveil précoce du sentiment national dans les pays d'Europe septentrionale procède-t-il d'une même volonté de compenser par leurs propres moyens l'infériorité qu'ils éprouvaient à l'égard des terres de vieille civilisation du Bassin méditerranéen. Ainsi, l'étude du développement de l'idée nationale japonaise éclaire-t-elle certains aspects du phénomène nationaliste considéré dans son ensemble.

Un nationalisme nourri d'historiographie.

Les premiers comportements nationalistes étaient apparus pendant la période de Kamakura. Nichiren et divers
chefs religieux avaient émaillé leurs prédications de
vibrantes exhortations patriotiques. Les écrits politiques
des débuts de la période Ashikaga témoignaient des
mêmes tendances. Un érudit avait composé une histoire
du Japon tout entière à l'apologie de Go-Daigo; le récit
célébrait les mérites d'une organisation politique reposant
sur une lignée impériale d'origine divine et présentait
l'archipel comme une terre bénie des dieux.

Les prêtres du *Shinto* contribuèrent par leur influence
intellectuelle à l'éveil de la conscience nationale. Le Shinto
émergeait à peine d'une éclipse de plusieurs siècles pendant laquelle ses divinités avaient été assimilées à de simples incarnations locales du Bouddha universel. Au cours
de la période féodale, il avait réussi à s'affranchir de l'emprise bouddhique et à retrouver une nouvelle vigueur doctrinale. Une symbiose s'était opérée entre les concepts
empruntés au bouddhisme chinois et les cultes naturistes
du Shinto primitif. Portés par ce renouveau, les prêtres
shintoïstes affirmèrent bientôt la supériorité de leur religion
sur le bouddhisme taxé de dévotion étrangère. Les plus
accommodants acceptèrent de considérer les divinités
bouddhistes comme des manifestations subalternes des
dieux japonais.

Les deux siècles de claustration imposés par les Tokugawa accélérèrent le processus de prise de conscience
nationale. L'expulsion des Européens et l'interdiction du
christianisme au début du xviiᵉ siècle entretinrent longtemps un mouvement de virulente xénophobie. Simultanément, le patronage officiel apporté par les Tokugawa au
confucianisme, renforça le nationalisme en suscitant un

regain de curiosité pour les études historiques. Des historiens se penchèrent sur les mythes et les légendes du Japon primitif consignés dans les anciennes chroniques du *Kojiki* * et du *Nihon Shoki* *. A Mito, un membre de la branche aînée des Tokugawa fonda une importante école historique qui entreprit la rédaction d'une monumentale histoire du Japon écrite en chinois classique. Commencée au xviie siècle, elle ne devait être achevée qu'au début du xxe siècle. Cette redécouverte des sources de l'histoire japonaise sensibilisa pour la première fois à l'idée nationale le public cultivé. Un érudit de la fin du xviiie siècle, Motoori Norinaga, rédigea un commentaire du *Kojiki* * qui devint la charte de tous les nationalistes. Norinaga s'appliquait à déceler à travers les événements du passé les vertus permanentes du Japon éternel. Comme la plupart des historiens de son temps, il cherchait dans l'histoire une confirmation de la supériorité méconnue du Japon sur la Chine.

La première moitié du xixe siècle fut marquée par une éclosion de nouvelles sectes shintoïstes. De recrutement largement populaire, elles furent souvent fondées par des femmes. Elles mêlaient aux dévotions du *Shinto* originel de nombreuses pratiques empruntées au bouddhisme et proclamaient le primat absolu de la foi. La plupart de ces sectes étaient fortement teintées de nationalisme. Leur succès, attesté par les conversions massives qu'elles suscitaient, administrait la preuve que le bouddhisme n'était plus capable de répondre aux aspirations spirituelles des couches populaires. Certaines ont survécu jusqu'à nos jours et comptent encore plusieurs millions d'adeptes.

Les recherches des historiens et des érudits shintoïstes sur les origines de l'histoire japonaise mirent en lumière la place importante tenue jadis par l'empereur. Alors que les nationalistes saluent la continuité ininterrompue de la lignée impériale comme un des meilleurs titres de gloire de l'archipel, les Tokugawa prêtent de nouveau attention à l'empereur dont ils revalorisent légèrement la liste civile. L'opinion s'avise soudain qu'un empereur existe, qu'il réside à Kyoto et qu'en théorie au moins, il est le chef suprême du pays. Certes, il reste dépourvu de tout pouvoir politique mais pour la première fois, sa lignée émerge de l'obscurité. Il redevient un symbole national important et certains esprits commencent à se demander pourquoi il y a un shogun *. A la fin du XVIIIe siècle, un lettré de Kyoto a l'audace de démontrer la supériorité de l'empereur sur le shogun. Cette imprudence lui attire ainsi qu'à tous les princes de la cour favorables à la dynastie impériale, une sanction du shogun.

Pendant le XVIIIe siècle et la première moitié du XIXe siècle, le pouvoir des Tokugawa continue à s'exercer sans entraves perceptibles. Mais derrière une façade apparemment immuable, de puissantes forces de désagrégation travaillent les fondements mêmes de la nation. Derrière le double carcan protecteur d'un système politique sclérosé par l'archaïsme et d'une philosophie sociale résolument rétrograde, une élite de type bureaucratique s'assure le contrôle effectif de l'ensemble du corps social. La cause impériale progresse dans le pays au risque de compromettre la puissance sociale de l'aristocratie féodale. La croissance économique rapide a engendré un développement des échanges susceptible d'engager le pays dans un processus cumulatif d'expansion et de progrès. L'alphabétisation s'est développée et les mentalités accueillent plus volontiers les idées nouvelles. Malgré la division persistante du pays en une multiplicité de fiefs, une conscience nationale est en train de naître; elle annonce la formation d'un Etat moderne. Le Japon atteint le terme d'une période de maturation au cours de laquelle il s'est préparé à assimiler le meilleur des techniques et des institutions occidentales.

La question reste posée de savoir pourquoi le Japon a

été le seul pays non occidental à entrer dès le XIXᵉ siècle dans la voie du développement. La réponse à cette question peut rendre compte des succès ou des échecs rencontrés par les pays qui ont engagé ultérieurement le combat pour la modernisation. Le tournant que le Japon a su prendre au XIXᵉ siècle resterait incompréhensible si l'on décidait d'ignorer la période Tokugawa, elle-même étroitement liée à l'expérience féodale antérieure. Il est significatif de constater que l'Europe occidentale n'a opéré sa grande mutation technologique, institutionnelle et idéologique que le jour où elle s'est dégagée d'une expérience féodale similaire. Entre l'évolution du Japon et celle de l'Europe, existe un parallélisme qui n'est sans doute pas entièrement fortuit. Ce sont les deux seules régions du monde à avoir connu une véritable société féodale; ce sont aussi celles qui ont été les premières à entrer dans le cycle de la croissance économique. L'existence d'une pareille concomitance incline à penser qu'une expérience féodale constitue peut-être le meilleur prélude au développement des forces de modernisation d'un pays.

8

A l'école de l'Occident

Vers le milieu du XIXe siècle, le Japon subit de profonds bouleversements. Son système politique qui, déjà au XVIIe siècle, semblait anachronique, porte maintenant le poids de deux siècles d'archaïsme. L'éveil du nationalisme et l'essor d'une économie commerciale appellent un ordre politique nouveau. Mais les Tokugawa ont développé de telles habitudes de stabilité que la vieille machine politique et administrative poursuit immuablement son mouvement. Il faudra l'intervention d'une force extérieure — celle des Européens et des Américains — pour la disloquer.

Dans les dernières années du XVIIIe siècle, les Russes franchissent les grands espaces sibériens, atteignent le Pacifique et tentent d'établir des contacts avec les Japonais. Vers la même époque, les Anglais, qui ont supplanté les Portugais dans le commerce maritime d'Asie orientale, cherchent à déverrouiller l'archipel. Les Américains surtout désirent plus que quiconque se faire ouvrir l'entrée des ports nippons. Leurs baleinières sillonnent le Pacifique nord et vont pêcher jusque dans les eaux territoriales japonaises. Leurs « clippers » à destination de la Chine viennent croiser près des côtes de l'archipel chaque fois qu'ils empruntent la grande route circulaire du Pacifique. Ils souhaiteraient que leurs bâtiments puissent faire escale dans les ports japonais pour se réapprovisionner. L'apparition de la navigation à vapeur incite bientôt les armateurs à rechercher au Japon des ports charbonniers. Enfin, des navires euro-

péens ou américains viennent de temps à autre s'échouer
sur les côtes nippones. Une loi shogunale prescrit la mise
à mort de tout étranger qui met le pied sur l'archipel. Bien
que cette législation ne soit plus appliquée, les naufragés
qui réussissent à revenir du Japon en transitant par Nagasaki, font des récits horrifiques de la cruauté japonaise.

Les « barbares » contre l'archipel.

Pendant la première moitié du XIXᵉ siècle, Américains,
Anglais et Russes tentent des expéditions répétées vers
l'archipel dans l'espoir de convaincre ses habitants d'ouvrir
leurs ports au commerce maritime. Les Hollandais pressent
avec insistance les Tokugawa d'accéder à ces demandes.
Cependant Edo demeure fidèle à sa politique d'isolement.
A l'intérieur du pays, seuls les adeptes des « études hollandaises » défendent courageusement le déverrouillage. Mais
la majorité de la population, repliée sur elle-même depuis
plusieurs générations, se montre résolument hostile à l'ad-
mission d'étrangers sur le territoire national. Une évidence
s'impose : le Japon n'ouvrira pas ses portes de son propre
gré.

Le gouvernement américain décide de contraindre le
pays à s'ouvrir. Il envoie en direction de l'archipel une
imposante escadre commandée par l'amiral Perry. En
juillet 1853, ce dernier pénètre dans la baie de Tokyo et
remet une lettre du président des Etats-Unis demandant
l'établissement de relations commerciales entre les deux
pays. Il se retire à Okinawa pour passer l'hiver et promet
de revenir l'année suivante chercher la réponse du shogun.
Edo est alors balayé par un vent de consternation qui
dégénère en crise intérieure. Pour caractériser ce malaise,
on désigne habituellement la dernière décennie du shogunat
des Tokugawa sous le nom de *bakumatsu* *, mot à mot

« la fin du *bakufu* ». Les Japonais sont profondément impressionnés par la taille et par les canons des « vaisseaux noirs » américains capables, grâce à la vapeur, de remonter la baie contre le vent. Ils découvrent que leurs batteries échelonnées tout le long du littoral ne leur sont d'aucun secours et que Edo se trouve pratiquement sans défense, malgré la flotte chargée d'assurer la protection côtière.

Le gouvernement se divise en deux tendances : les plus conservateurs préconisent l'expulsion des étrangers, tandis que les plus réalistes estiment qu'il vaut mieux se soumettre sans tarder aux exigences des Américains. En proie à l'indécision, les autorités de Edo entreprennent une démarche inaccoutumée. Pour la première fois depuis six siècles de pouvoir militaire, le gouvernement du shogun consulte l'empereur sur cette importante affaire nationale. Il demande aussi l'avis des daimyo. La cour de Kyoto et les daimyo convaincus d'être à l'abri de toute menace immédiate, se prononcent fermement pour l'éviction des étrangers. Lorsqu'en février 1854, la flotte de l'amiral Perry revient dans la baie de Tokyo, le gouvernement de Edo se trouve confronté à un délicat dilemme. Edo n'a aucun moyen d'imposer la politique prescrite par l'empereur et exigée par l'ensemble de la nation. Sous la menace des canonnières américaines, il faut bien se résoudre à signer un traité qui ouvre deux ports aux navires américains et autorise, dans d'étroites limites, le commerce de certaines denrées. Les deux escales concédées sont Shimoda située à l'extrémité d'une péninsule proche de Edo, et Hakodate à Hokkaïdo; il s'agit de deux points de relâche insignifiants qui, bien que relativement à l'écart des grands courants de navigation, facilitent l'approvisionnement des navires américains. Un consul des Etats-Unis est autorisé à s'établir à Shimoda.

En entrouvrant ses portes, le Japon s'interdisait à jamais

Le Japon contemporain

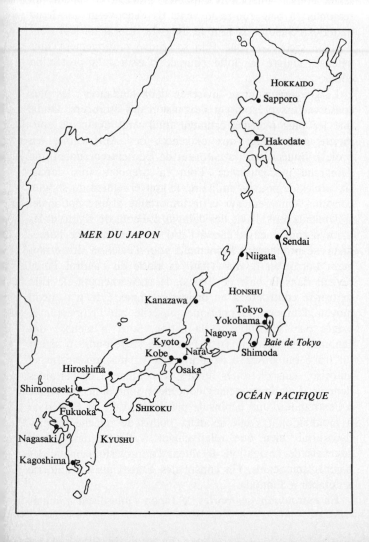

de faire machine arrière. En l'espace de deux ans, Edo signe des traités similaires avec l'Angleterre, la Russie et la Hollande. En 1858, Townsend Harris, le premier consul américain au Japon, négocie un traité commercial qui accorde à tous les ressortissants des Etats-Unis le bénéfice de l'exterritorialité *, c'est-à-dire le droit d'être jugés par leurs propres tribunaux et selon leurs propres lois. Les pays européens obtiennent bientôt les mêmes avantages. Ces privilèges, qui paraissent exorbitants, figurent alors dans tous les traités passés entre les Occidentaux et la Chine. En les acceptant à son tour, le Japon renonce irréversiblement à son splendide isolement.

Ces divers accords permettent aux étrangers de séjourner dans cinq grands ports et dans les deux villes d'Osaka et de Edo. Une grande liberté de commerce leur est reconnue. Les marchands étrangers commencent à établir des comptoirs commerciaux à proximité de Edo dans le petit port de pêche de Yokohama qui progresse rapidement et devient en quelques décennies un des plus vastes complexes portuaires mondiaux. De même l'enclave marchande de Hyogo, en face de la baie d'Osaka, va donner naissance à la grande cité portuaire de Kobé. Yokohama et Kobé (Hyogo) sont toutes deux des villes d'origine occidentale qui, comme les « concessions » étrangères en Chine, ont grandi sous la protection des garnisons européennes ou américaines.

Les Tokugawa comprennent vite que leurs faibles moyens militaires les tiennent à la merci des étrangers. Avec retard, ils procèdent à une réforme militaire et entreprennent de se doter d'une flotte semblable à celle des puissances occidentales. Mais la cour de Kyoto et l'immense majorité des seigneurs féodaux, qui n'ont encore rien vu des énormes forces militaires des Occidentaux, accueillent avec réticence l'effort de modernisation de l'armée. Ils accusent Edo d'avoir cédé aux pressions étrangères et se rallient au cri de « expulsez les barbares » *(joi)*.

La branche Tokugawa de Mito prend la tête du mouvement d'opposition à Edo. En 1860, ses émissaires assassinent le « grand Ancien » qui a signé les nouveaux traités
commerciaux et tenté de rétablir l'autorité de Edo sur les
daimyo. D'autres conservateurs irréductibles du clan Satsuma au sud de Kyushu, assassinent un Anglais près de
Yokohama en 1862. L'été suivant, les fortins des domaines
du clan Choshu à l'ouest de Honshu ouvrent le feu sur
des bâtiments européens engagés dans le détroit de Shimonoseki à l'extrémité occidentale de la Mer intérieure. Ces
actions éparses font écho à l'ordre d'expulsion des étrangers donné par la cour de Kyoto au gouvernement de Edo.
L'empereur, avec une audace sans précédent, n'hésite pas
à convoquer le shogun à Kyoto. Ce dernier défère humblement à cette requête, montrant ainsi que le pouvoir a
déjà changé de mains.

L'empereur contre le shogun.

La chute des Tokugawa n'est pas due à une paralysie
des rouages gouvernementaux. Leur régime s'est désagrégé
à partir du moment où ils ont perdu la confiance de la
nation. Officiellement responsables de la défense du gouvernement impérial, ils se sont montrés incapables d'assurer
la sécurité du pays en cédant aux pressions américaines
et ils ont contrevenu à un ordre formel de l'empereur. Ces
erreurs les désignent aux attaques populaires résumées dans
les slogans jumeaux de : « *Honorez l'empereur* » *(sonno)*
et « *expulsez les barbares* » *(joi)*. Même parmi les partisans du shogun, certains subissent l'influence des historiens et des propagandistes shintoïstes et se prennent à
douter de la légitimité du pouvoir shogunal. Les troupes
de Edo, jadis toutes-puissantes, ont perdu leur dynamisme
pendant deux siècles d'oisiveté. L'indécision paralyse les
conseils et les assemblées délibérantes. Une telle situation

est favorable aux princes mécontents de la cour de Kyoto ainsi qu'aux samouraï ambitieux des grands domaines occidentaux, qui n'ont accepté qu'à contrecœur la domination des Tokugawa. Ils conjuguent leurs forces pour jeter bas le shogunat et se partager son pouvoir moribond. Leur cri de ralliement — « *Union de la cour et des militaires* » — suggère le partage du pouvoir entre Edo, Kyoto et les daimyo du pays. Mais les plus radicaux rêvent d'éliminer totalement le shogun.

Ces activités subversives sont orchestrées par de jeunes samouraï d'humble origine, issus des clans Satsuma, Choshu et accessoirement du clan Tosa à Shikok. On s'explique mal ce qui a poussé les hommes de ces trois domaines à jouer un rôle décisif à un moment crucial de l'histoire japonaise, alors que les quelque 260 autres fiefs restaient dans l'expectative. On peut avancer l'hypothèse que ces trois domaines, eu égard à leur vaste étendue, étaient en droit de prétendre à un rôle actif dans le dénouement de la crise. Satsuma et Choshu disposaient d'une large clientèle de samouraï et avaient réussi, du fait de leur position excentrique, à maintenir pratiquement intactes les anciennes solidarités féodales. Ils avaient en outre toujours nourri une solide hostilité à l'égard des Tokugawa. Enfin, ils figuraient parmi les rares domaines solvables et disposaient de ressources financières suffisantes pour se procurer des armes occidentales en vue du conflit qui se préparait.

Ces jeunes samouraï engagèrent leurs deux clans à entreprendre une action positive contre le shogunat. Ils intriguèrent à la cour de Kyoto et se posèrent en rivaux de l'autorité de Edo. La longue période de paix de l'ère Tokugawa prit fin en 1863 lorsque les partisans du shogun rispostèrent en chassant le clan Choshu de Kyoto. A partir de cette date, la situation se détériora rapidement, et Edo dut réunir une grande armée pour essayer de soumettre

Choshu. Une première campagne au cours de l'hiver 1865-1866, se termina par un compromis; une seconde campagne entreprise l'été suivant se solda par la déroute de Edo. L'insoumission d'un domaine avait suffi à faire vaciller l'autorité centrale; la fin du shogunat paraissait proche.

Le succès de Choshu lors de la seconde campagne s'explique partiellement par la neutralité bienveillante que lui avait accordée Satsuma au cours d'une négociation secrète. Un an et demi plus tard, Satsuma, Choshu, Tosa et quelques autres fiefs dont certains relevaient de daimyo apparentés au shogun, fomentent un coup d'Etat à Kyoto. Le 3 janvier 1868 ils annoncent la restauration du pouvoir impérial. Le shogun en place, qui est issu de la branche Mito traditionnellement attachée à la dynastie impériale, paraît disposé à céder. Mais les derniers défenseurs du shogunat commencent à organiser la résistance. Ils sont battus aux environs de Kyoto par la coalition des clans méridionaux qui marchent sur Edo sans rencontrer de véritable opposition. Certains fiefs du Nord prennent les armes pour défendre le régime et la marine soutient la résistance shogunale à Hokkaïdo jusqu'au printemps de 1869. Dans l'ensemble cependant, les Tokugawa et leurs partisans n'opposeront aucune contre-offensive sérieuse à ceux qui viennent de les évincer du pouvoir.

Le régime shogunal qui, deux décennies auparavant, semblait solidement établi, avait été balayé presque sans effusion de sang. Au milieu du XIXᵉ siècle il était tellement vermoulu que ni ses fondements théoriques ni sa structure sociale ne pouvaient survivre au choc extérieur. Une fois ébranlé, il s'effondra d'un seul bloc.

La mise en place d'un nouveau gouvernement se révéla une tâche difficile. Les hommes qui accédaient à la direction du pays étaient une poignée de samouraï des clans méridionaux et de dignitaires de la cour. Aucun n'avait l'expérience du pouvoir. Leur projet de restauration impériale, inspiré par de vagues réminiscences d'histoire médiévale, n'était assorti d'aucun plan d'action précis. Ils recueillaient la succession d'un régime fossilisé qui, par surcroît, venait de faire faillite. La majorité des fiefs ne leur avait apporté aucun appui et les considérait avec suspicion. La nation réaffirmait à tout instant son hostilité à la présence d'étrangers qui décidément troublait trop de vieilles habitudes.

Il était naturel que le nouveau gouvernement s'organisât autour de la personne de l'empereur puisqu'il avait renversé les Tokugawa au nom de la légitimité impériale. On prit l'habitude de désigner le coup d'Etat et ses lendemains sous le terme de « Restauration de Meiji ». Le vocable de Meiji s'applique à la nouvelle ère de l'histoire japonaise inaugurée en 1868, et sert aussi de nom posthume au jeune empereur monté sur le trône l'année précédente. Personne n'imaginait d'ailleurs que ce garçon de quinze ans exercerait effectivement le pouvoir. Les Japonais avaient trop l'habitude d'avoir affaire à de simples figurants ou à des organes collégiaux pour lui accorder quelque chance de régner. Il est difficile rétrospectivement de cerner la psychologie des hommes qui furent les agents de la restauration impériale. Ils semblent avoir éprouvé une sincère dévotion pour la personne de l'empereur et avoir cru aveuglément que tout pouvoir venait de lui. Force est d'admettre qu'ils n'ont pas eu conscience d'avoir été eux-mêmes à l'origine de toutes ses décisions. En effet, si l'empereur Meiji jouissait d'une audience croissante, à aucun moment son rôle de symbole dynastique ne se doubla du rôle de chef politique.

Parmi les vieux aristocrates Fujiwara groupés autour de l'empereur se trouvaient quelques hommes de talent. Iwakura fut, jusqu'à sa mort en 1883, la personnalité dominante du nouveau gouvernement. Plus tard, le prince Saionji et le prince Konoe, issus du même milieu, eurent un rôle comparable comme premiers ministres. Mais à ces quelques exceptions près, les hommes de la cour de Kyoto n'avaient ni l'expérience ni l'énergie suffisantes pour devenir les protagonistes du nouveau régime. Quelques « daimyo de l'extérieur » participèrent aux travaux du gouvernement mais la plupart durent se contenter d'un rôle de figurants, y compris parfois sur leurs propres domaines. Toutes les grandes magistratures du nouvel Etat revinrent à des princes impériaux, à des nobles de la cour ou à des daimyo. Mais le pouvoir effectif appartenait en réalité aux jeunes samouraï des clans Satsuma, Choshu et de quelques autres. Mentionnons pour ne citer que les principaux : Okubo et Saigo de Satsuma, ou Kido de Choshu, qui avaient tous fait leurs armes politiques à la tête de leurs domaines et en intriguant contre les Tokugawa. Généralement issus des couches inférieures de la classe samouraï, ils possédaient un sens politique aigu. Ils avaient grandi en une époque troublée où le talent et l'habileté manœuvrière étaient les clés de toute réussite. En 1868, ces hommes avaient entre 27 et 41 ans, soit une moyenne d'âge exceptionnellement basse qui n'est sans doute pas étrangère à leur singulière aptitude à s'adapter au changement. Exerçant leur autorité bien au-delà des limites qui leur étaient assignées par leur statut social d'origine, ils croyaient à la supériorité du talent sur la naissance et affichaient des idées révolutionnaires pour leur époque.

Révolution contre tradition.

Les changements introduits au Japon sous l'égide de ces hommes se révélèrent authentiquement révolutionnaires. Mais, à la différence des révolutions européennes du

xix⁰ siècle, la Restauration de Meiji ne s'est pas faite
par le bas. Rien de commun non plus avec la révolution
chinoise ou les révolutions asiatiques postérieures. En
Chine, la dynastie mandchoue était en décadence depuis
le xix⁰ siècle, mais le système impérial n'acheva de se
désintégrer sous la poussée des idées républicaines venues
d'Occident qu'après plusieurs décennies de chaos politique
et de mise en coupe réglée par les puissances étrangères.
Dans tous les autres pays d'Asie, la révolution n'a été
que l'expression tardive d'un nationalisme constitué en
réaction contre la domination coloniale et les idées occidentales. Rien de tel au Japon où quelques hommes issus
des couches inférieures de l'ancienne aristocratie et poursuivant un projet révolutionnaire original, réussissent le
double exploit d'éliminer l'ancien gouvernement sans
effusion de sang et de lui succéder sans intervention de
la nation. Venue d'en haut, la « révolution » japonaise a
épargné à la fois des vies humaines et les biens matériels.
Les Japonais disposaient d'ailleurs d'un atout important
par rapport aux Chinois. A la différence de ces derniers
qui s'étaient toujours considérés comme les seuls détenteurs
de la civilisation et éprouvaient de ce fait les plus grandes
difficultés à assimiler les idées étrangères, les Japonais
comprirent immédiatement le parti qu'ils pouvaient tirer
de l'expérience politique et économique des Occidentaux.
Habitués à imiter la Chine et à accueillir les connaissances
venues de l'étranger, ils ne tardèrent pas à se convaincre
que le meilleur moyen de résister à l'Occident était d'occi-
dentaliser leur pays et leur économie. Ils mobilisèrent toutes
leurs énergies pour se consacrer à cette tâche.

Les dirigeants du nouveau Japon étaient tous animés
d'une même hostilité à l'égard des Tokugawa, d'une même
ferveur à l'égard de l'empereur et d'une même volonté
d' « expulser les barbares » *(joi)*. Certains avaient parti-
cipé aux luttes pour refouler les Occidentaux mais ils

avaient compris, avant même leur accession au pouvoir en 1868, l'inutilité d'une telle attitude. En 1863, une escadre anglaise avait bombardé la capitale de Satsuma, Kagoshima, en rétorsion à l'assassinat un an auparavant d'un ressortissant britannique. La même année, des vaisseaux étrangers attaquèrent près de Shimonoseki les forts de Choshu, qui avaient ouvert le feu sur des navires de commerce occidentaux. En 1864, ils les anéantirent définitivement. Les samouraï de Satsuma et Choshu surent dégager la leçon de ces événements. Avec une étonnante capacité d'adaptation, ils renoncèrent à l'isolationnisme exclusif qu'ils avaient jusqu'alors défendu et entreprirent d'étudier sans délai les techniques militaires qui assuraient à l'Occident une telle supériorité.

Le clan Satsuma disposa bientôt d'une marine moderne, construite avec l'aide des Britanniques. Par la suite, les jeunes officiers de la flotte de Satsuma fournirent, jusqu'en plein xxᵉ siècle, les cadres de la marine impériale japonaise. Parallèlement, Choshu renonça à la notion désuète de classe guerrière et créa des unités de fusiliers, regroupant indistinctement des paysans et des samouraï. Elles furent astreintes au même entraînement que les armées européennes. Ces efforts de modernisation ne tardèrent pas à être couronnés de succès. Ils permirent en 1866 la défaite définitive de toutes les forces rassemblées par les Tokugawa. En devenant l'embryon de l'état-major de l'armée impériale japonaise, les officiers samouraï placés à la tête de ces nouvelles unités changèrent de mentalité. Loin de demeurer les champions d'un conservatisme étroitement xénophobe, les hommes de Choshu devinrent les pionniers d'une révolution militaire et sociale qui allait emporter les derniers vestiges de l'ordre féodal.

Parvenus aux plus hautes fonctions, les dirigeants du Japon de Meiji s'attachent d'abord à doter leur pays d'une défense terrestre et maritime aussi efficace que celles des pays occidentaux. Un tel souci ne peut étonner de la part d'hommes élevés dès le plus jeune âge dans le respect des traditions militaires et durablement humiliés par la supériorité des forces occidentales. On comprend sans peine qu'ils aient été obsédés par la recherche de l'autonomie militaire. Plus étonnante encore est l'ampleur de conception dont ils vont faire preuve dans ce domaine. D'emblée en effet, ils comprennent qu'il est vain d'espérer moderniser la défense japonaise sans procéder à une refonte globale des structures politiques, économiques, sociales et intellectuelles du pays. Cette idée est résumée dans le slogan populaire *fukoku kyohei* : « *un pays riche et une armée forte* ».

La seconde tâche qui attend les réformateurs est la mise en place de nouveaux pouvoirs et de nouveaux principes de cohésion nationale. Les institutions shogunales sont en effet en pleine débâcle et les anciennes circonscriptions féodales constituent un handicap à l'occidentalisation du pays. Les hommes de Meiji établissent leur quartier général à Edo qui a été pendant de longues années la capitale politique de l'archipel. En septembre 1868, la ville est rebaptisée Tokyo, c'est-à-dire « capitale de l'est ». Au printemps suivant, l'empereur et sa cour regagnent le grand château de Edo. Le nouveau gouvernement, en dépit de l'appui que lui ont apporté les protagonistes de la classe militaire, n'hésite pas à s'approprier les immenses domaines shogunaux. Il impose également un emprunt forcé aux riches marchands, reprenant ainsi une pratique fréquemment utilisée par les daimyo et les shogun.

Pour donner corps à la Restauration impériale, on rétablit les charges et les offices qui étaient en vigueur au VIIIe siècle, lorsque la cour impériale exerçait elle-même le pouvoir. Mais il s'agit en général de titres purement honorifiques. On cherche également à expérimenter les institutions représentatives de l'Occident. Une assemblée de délégués des fiefs est convoquée, mais elle ne peut jouer aucun rôle. Une tentative visant à transposer dans l'archipel le principe américain de séparation des pouvoirs apporte plus de confusion que d'efficacité. Des embryons de ministères se voient confier l'exécution de tâches spécialisées. Mais la vieille tradition japonaise de prise de décision collégiale ne tarde pas à reprendre le dessus. Toutes les décisions de quelque importance sont en fait arrêtées au sommet par des groupes informels où ne figurent que les premiers rôles. Si certains hommes comme le noble de cour Iwakura parviennent à accéder aux plus hautes fonctions, la plupart des samouraï de Satsuma, Choshu et des clans alliés doivent se contenter, en raison de leurs origines modestes, de postes de second plan qui ne leur confèrent qu'un droit de regard lointain sur les grandes décisions : conseillers, secrétaires d'Etat, directeurs de ministères.

La suppression des innombrables fiefs de l'ancien régime et l'abolition du vieux système féodal de stratification sociale, apparaissent comme les préalables indispensables à la modernisation politique, économique et surtout militaire de l'archipel. En mars 1869, un an seulement après son accession au pouvoir, la nouvelle élite dirigeante entreprend d'affranchir une fois pour toutes le pays des structures féodales. Sans nostalgie inutile pour le régime dans lequel elle a grandi et auquel elle doit sa place dominante dans la société, elle persuade les daimyo de Satsuma, Choshu, Tosa et Hizen de restituer leurs fiefs à l'empereur. Les autres clans se sentent dans l'obligation de les imiter. D'un seul mouvement, le Japon se dégage en quelques mois d'un morcellement féodal multiséculaire. Les ci-devant daimyo reprennent d'une main ce qu'ils ont donné de l'autre. Nommés gouverneurs de leurs anciens fiefs, ils reçoivent sous forme de salaire le dixième des revenus auxquels ils viennent de renoncer. Mais deux ans plus tard, une réforme plus radicale encore abolit défini-

Guerrier japonais.

tivement les fiefs. Le pays est divisé en préfectures ou *ken** *, placées sous le contrôle direct de Tokyo. Cette fois, les daimyo ne conservent rien de leurs privilèges. Le gouvernement les dédommage au moyen de coquettes indemnités qu'il prend la précaution de verser sous forme de bons d'Etat afin d'assurer au régime naissant la docilité intéressée des seigneurs déchus. Ces bons d'Etat vont fournir une fraction importante du capital bancaire. Quant aux daimyo, ils constitueront un cadre d'extinction, exemplaire de loyalisme et de soumission.

Il était plus facile de se débarrasser des daimyo que d'abolir les privilèges des samouraï. Représentant environ 6 % de la population totale, ces derniers formaient une puissante classe de notables qui avait monopolisé successivement le pouvoir militaire, l'autorité politique et l'influence intellectuelle. Ils possédaient collectivement une appréciable fortune transmissible par héritage, même si individuellement ils devaient souvent se contenter de revenus misérables. Le clan Choshu est le premier à porter atteinte au statut des samouraï. Au début de 1873, le nouveau gouvernement se sent suffisamment assuré de son pouvoir pour instituer le service militaire universel, réforme plus audacieuse encore que toutes les précédentes. Sous la férule de jeunes officiers d'élite comme Yamagata du clan Choshu, une armée de paysans est recrutée et organisée sur le modèle français d'abord, puis sur le modèle allemand. Simultanément, le gouvernement libère les différentes activités économiques des interdits sociaux qui en limitaient l'accès. En 1871, il décrète l'égalité devant la loi de tous les citoyens, y compris les *eta* — les parias japonais — qui représentent encore près de 2 % de la population. En 1876, les samouraï doivent renoncer à porter le sabre qui a été jusqu'alors le signe distinctif de leur statut privilégié.

Redevenus simples citoyens, les samouraï perdent tous

leurs privilèges économiques. En 1869, leurs rentes héréditaires déjà modestes sont réduites de moitié. En 1876,
ils sont contraints d'en accepter la conversion en salaires
d'un montant inférieur. Même après ces réformes, la charge
financière des pensions versées aux samouraï et aux daimyo
demeure extrêmement lourde. Une élimination radicale et
définitive de l'ancienne aristocratie féodale eût certes été
moins coûteuse pour le trésor public; mais sans doute,
le sort favorable réservé aux anciennes classes privilégiées
épargna-t-il au Japon les convulsions douloureuses que
la France avaient endurées à la chute de l'Ancien Régime.

Grâce à leur expérience politique et à leur haut niveau
d'éducation, les samouraï vont se réserver tous les pouvoirs
au sein du nouveau régime. Ils fournissent les cadres de
l'armée, de la marine et de la police auxquelles leur présence confère un grand prestige. Certains deviennent
d'opulents hommes d'affaires tandis que d'autres marquent
de leur influence les institutions éducatives et la vie intellectuelle du pays. Mais beaucoup se révèlent incapables
de s'adapter aux conditions nouvelles et sont rejetés vers
les couches populaires. En moins de deux générations, le
clivage entre samouraï et roturier disparaît complètement;
ceux qui l'évoquent encore paraissent réveiller un lointain
souvenir.

En dépossédant ainsi l'ordre des privilégiés, les réformateurs suscitèrent quelques remous. Les plus irréductibles
des samouraï conservateurs prirent les armes et firent
peser une menace sur les premières années du nouveau
régime. Il est significatif que les troubles émanèrent surtout
des anciens fiefs méridionaux d'où était issue la nouvelle
élite politique. Dans ces régions, on admettait d'autant plus
mal l'autorité des réformateurs que l'on se souvenait de
leurs origines modestes. La plus violente et la dernière
des révoltes de samouraï survint en 1877 sur les domaines
de Satsuma. Quelque 40 000 conservateurs mécontents se

coalisèrent autour de Saigo qui vouait un ressentiment durable au gouvernement qu'il avait quitté quatre ans auparavant. Au cours d'un sanglant combat, les nouveaux conscrits paysans écrasèrent les rebelles. Leur victoire scellait l'acte de décès de l'ancien régime japonais.

Décollage économique et mimétisme technologique.

En moins de dix ans, les hommes de Meiji avaient fait table rase des archaïsmes du régime féodal et étaient parvenus à imposer leur autorité à l'ensemble du pays. L'édification d'un ordre nouveau n'était pas achevée pour autant. La nouvelle élite se trouvait à pied d'œuvre pour engager le pays dans la voie du développement économique.

A la différence des pays qui, au milieu du XXᵉ siècle, entreprennent leur modernisation, le Japon n'a reçu aucune aide financière ou technologique de l'étranger. Redoutant l'esprit d'appropriation lié à l'impérialisme occidental, les Japonais des années 1870 se défient à juste titre des prêts étrangers et n'y recourent qu'avec une extrême prudence. En tout état de cause, les Occidentaux considèrent l'Empire du Soleil levant avec suspicion et ne consentent des prêts que contre un fort taux d'intérêt. Le seul moyen pour les Japonais de se familiariser avec les derniers acquis de la science consiste à faire appel aux experts occidentaux. Pour compenser le faible attrait qu'exerce l'archipel auprès des Occidentaux, il faut faire miroiter l'appât de salaires très supérieurs à ceux de l'Europe ou des Etats-Unis. C'est dire que le Japon doit financer son décollage économique par une ponction sur ses propres ressources.

L'archipel va toutefois profiter d'un accident de l'histoire. La maladie du ver à soie qui sévit en Europe dans les années 1860, crée une demande induite de soie et de cocons japonais. Les sériciculteurs des montagnes du Japon central relèvent le défi. Grâce à eux, la balance commerciale devient excédentaire avec les pays occidentaux. Dans les années 1870, le fléau a disparu d'Europe et les éleveurs de vers à soie japonais perdent ce stimulant artificiel. C'est alors qu'ils adoptent un procédé mécanique de moulinage de la soie qui donne des fils plus réguliers et de meilleure qualité que ceux des autres pays asiatiques. L'archipel se taille ainsi la première place sur le marché occidental de la soie, qui constituera jusqu'au milieu du XXᵉ siècle la principale exportation nippone. Dans l'ensemble cependant, les années 1870 sont marquées par une détérioration de la balance commerciale japonaise. Dès 1866, les puissances européennes ont imposé au shogun de se contenter d'un tarif douanier de 5 %. Une pareille exigence laisse l'archipel sans défense devant le déferlement croissant des cotonnades et des produits manufacturés de l'Occident. Ce flot d'importations menace de ruiner les activités traditionnelles du pays. L'industrialisation apparaît dès lors doublement indispensable dans la mesure où elle conditionne simultanément l'accession du Japon à l'indépendance économique et l'édification d'une force de défense efficace. Quelques dirigeants espèrent en outre que les usines modernes procureront un emploi aux samouraï qui connaissent pour la plupart une situation financière particulièrement critique.

Avant même la Restauration, le shogun et quelques daimyo avaient cherché à se doter d'un embryon d'industrie. Certains s'étaient lancés dans les fabrications militaires et avaient ouvert des usines de munitions ou des chantiers de construction navale. D'autres avaient choisi les industries civiles en créant des filatures de coton. Le nouveau gouvernement poursuit, orchestre et amplifie ces tentatives éparses. Il fait ériger des usines pilotes chargées de répandre les principes du moulinage de la soie, du filage, du tissage et diverses techniques plus spécialisées. Mais à l'exception du moulinage de la soie, ses efforts se révèlent vite infructueux. Ces échecs figurent au nombre des inévitables mécomptes que rencontre toute tentative d'implantation industrielle.

Le gouvernement obtient de meilleurs résultats avec la création d'une infrastructure économique moderne. En 1871 le pays expérimente un nouveau système monétaire dont l'unité de base, le yen, va conserver pendant un demi-siècle une valeur équivalente à la moitié de celle du dollar américain. Une organisation bancaire moderne s'édifie à partir du capital constitué par les bons l'Etat déposés par les anciens daimyo. Les réformateurs se préoccupent aussi du développement des infrastructures de communication. Ils jettent les bases d'un système postal de type européen, relient par le télégraphe les différents points de l'archipel et rénovent les installations portuaires existantes. En 1872, le gouvernement inaugure la ligne de chemin de fer entre Tokyo et son avant-port, Yokohama, premier tronçon d'un réseau ferroviaire appelé à devenir le plus dense et le plus rapide du monde.

En matière fiscale, les dirigeants renoncent dès 1873 au vieux système d'impôts en nature proportionnels à la récolte. Ils instituent en remplacement un impôt foncier payable en espèces, indépendamment de l'importance de la récolte. La petite propriété rurale, qui s'était développée spontanément pendant la période Tokugawa, est enfin reconnue officiellement et reçoit une consécration légale. A partir de la fin des années 1870, l'inflation tend à réduire le poids des nouveaux impôts et permet aux ruraux d'augmenter leur capital technique. D'autre part, le progrès des transports, la suppression des dernières entraves à la diffusion des techniques culturales et l'extension globale des surfaces emblavées sont à l'origine d'une augmentation régulière et soutenue de la production agricole au cours des décennies suivantes.

Les principales lignes de chemin de fer

L'ensemble de l'économie nippone semble traversée par un souffle de modernisation et d'expansion. Cependant à partir des années 1870, les difficultés financières commencent à s'amonceler. Le gouvernement a dû honorer les dettes du régime shogunal et verser de grosses sommes aux puissances occidentales. Les réformes de structures et la rénovation militaire ont coûté fort cher au Trésor. La plupart des implantations industrielles se sont soldées par un déficit chronique. Il a surtout fallu rémunérer à grands frais les experts étrangers, financer l'aménagement de Hokkaïdo, achever la liquidation de l'ancien régime, indemniser daimyo et samouraï et payer les troupes chargées d'écraser la rébellion de Satsuma. Toutes ces dépenses ont lourdement grevé le budget de l'Etat; elles ont alimenté une dangereuse inflation et accéléré la dépréciation de la nouvelle monnaie de papier.

D'énergiques mesures financières s'imposent. Elles seront l'œuvre d'un ancien samouraï du clan Satsuma, connu sous le nom de Matsukata. Ce dernier accède au ministère des Finances en 1881 et impose au pays un programme d'austérité. Il procède à une compression drastique des dépenses publiques et revend à des propriétaires privés la plupart des usines pilotes qui appartenaient jusqu'alors à l'Etat. Seules les industries de guerre restent sous le contrôle de la puissance publique. Grâce à ces réformes, le redressement financier est acquis dès la fin de la décennie 1880-1890.

Leur second résultat est d'opérer une concentration de l'industrie naissante entre quelques mains. Le prix de liquidation des entreprises publiques est généralement très inférieur à la valeur des capitaux qui y ont été investis. Le gouvernement doit en effet tenir compte de la gestion déficitaire des entreprises en cause et éviter de décourager les rares acheteurs potentiels. Ces derniers bénéficient ainsi de conditions relativement favorables qui leur permettent dans bien des cas d'assainir et de rentabiliser les usines qui leur sont transférées. Dans l'ensemble, les « dénationalisations » seront considérées comme une réussite économique. Grâce à une gestion plus souple et plus originale que la gestion publique, les entreprises restituées au secteur privé redeviennent florissantes. Tous ces résultats attestent que les Japonais ont acquis une connaissance et une expérience suffisantes des affaires pour pouvoir surmonter les difficultés initiales de leur période de décollage économique. Dans les années 1885, la production de filés de coton enregistre un boom qui atteint par diffusion progressive les autres branches industrielles. Vers la fin du siècle, le Japon est irréversiblement engagé dans la voie de l'industrialisation. Mais par suite des « dénationalisations » de Matsukata, l'activité économique se concentre désormais entre les mains d'un petit nombre d'hommes d'affaires. Ces magnats de l'économie se trouvent à la tête de « cliques financières » que les Japonais désignent sous le nom de *zaibatsu* [1].

La bourgeoisie d'affaires de l'ère Meiji se répartit en quatre groupes selon ses origines. Une minorité est issue des grandes familles de négociants de l'époque Tokugawa. Ces dynasties marchandes sont en général restées trop prisonnières de l'économie préindustrielle et des pratiques commerciales traditionnelles pour pouvoir s'adapter aux conditions d'un âge nouveau. La famille Mitsui dont les origines remontent au XVIIᵉ siècle, est une des rares à avoir su préserver sa prospérité. Un second contingent d'hommes d'affaires provient de la classe d'entrepreneurs ruraux apparue à la fin de l'ère Tokugawa. Shibusawa par exemple est originaire d'une famille de

---

1. Depuis leur dissolution au lendemain de la Seconde Guerre mondiale, les *zaibatsu* se sont reconstitués sous le nom de *zaikai*. (N.d.T.)

paysans aisés des environs de Edo; anobli avec le titre de samouraï dans les dernières années du shogunat, il devient sous la Restauration un des magnats de l'industrie cotonnière et de la banque. Une autre fraction des milieux d'affaires regroupe des hommes d'obscure origine, en particulier des aventuriers qui ont suffisamment de talent pour tirer parti d'un âge de mutation rapide. Mais la plupart des chefs d'entreprise de l'ère Meiji sont d'anciens samouraï. La qualité de leur éducation et leurs liens avec les nouveaux dirigeants du pays constituent une bonne introduction à la vie économique. Quelques-uns ont déjà acquis une certaine expérience comme agents d'affaires des daimyo. Tel est le cas d'Iwasaki, du clan Tosa, qui commence sa carrière dans les constructions navales et fonde l'entreprise Mitsubishi appelée à devenir le second trust japonais immédiatement après Mitsui.

Les succès de l'industrialisation nippone dans la seconde moitié du XIXe siècle, sont riches d'enseignement pour les pays qui entreprennent aujourd'hui leur décollage économique. On interprète volontiers les performances japonaises comme le fruit d'une modernisation conduite par le haut. C'est se méprendre sur la nature des forces agissantes. Certes, le gouvernement japonais a « amorcé la pompe » de nombreux secteurs d'activité; mais le pas décisif n'a été franchi qu'après la restitution au secteur privé des industries initialement prises en charge par l'Etat. Somme toute, le cas japonais ne s'écarte en rien du schéma général de développement économique d'un pays. L'Etat crée d'abord les infrastructures économiques de base : il dote le pays d'une monnaie stable, d'un système bancaire moderne, d'une organisation fiscale efficace; il assure la stabilité politique. Les premiers succès industriels sont précédés d'un progrès sensible de la production agricole. Quant aux entreprises, elles sont pour la plupart entre les mains de propriétaires privés. Le processus de croissance économique se développe selon les mêmes étapes qu'en Occident : l'essor de l'industrie légère, du textile en particulier, anticipe chronologiquement sur celui de l'industrie lourde.

Les dirigeants de Meiji étaient conscients que leur effort resterait précaire tant que leurs compatriotes ne seraient pas parvenus, faute d'un niveau d'éducation suffisant, à s'imprégner des techniques et des idées occidentales. Certains d'entre eux comme Ito, du clan Choshu, avaient fait une partie de leurs études en Europe avant même la fin du shogunat. Pendant les dernières années de l'époque Tokugawa, des observateurs et des savants avaient été envoyés en Europe pour étudier, aux frais du gouvernement ou des daimyo, les sciences et les techniques de l'Occident. Le nouveau régime systématise cette politique. Les deux premières décennies de l'ère Meiji sont une période d'intense imitation qui traduit de la part des Japonais une volonté d'assimiler en profondeur les éléments de la civilisation occidentale qu'ils ont pris pour modèles.

En se mettant délibérément à l'école de l'Occident, les Japonais renouent — à un millénaire de distance — avec la tradition d'emprunt à l'étranger née de la séduction des valeurs chinoises. Mais désormais, le processus d'imitation se développe à une échelle beaucoup plus grande et revêt un caractère systématique. Les savants sont soigneusement sélectionnés en fonction de leur érudition ou de leur spécialité; le choix des pays où ils seront envoyés est arrêté avec la même minutie. Les Japonais ont résolu de n'emprunter que ce qu'il y a de meilleur dans chaque pays. Ils vont en Angleterre pour étudier la navigation, en Allemagne pour apprendre l'art militaire et la médecine, en France pour s'initier à l'administration locale et au droit, aux Etats-Unis pour se former aux méthodes commerciales. Le monde n'est pour eux qu'une vaste école. Mais ils déterminent eux-mêmes le programme qu'ils désirent étudier, choisissent librement leurs maîtres et prévoient avec précision l'emploi qu'ils feront de leurs nouvelles connaissances.

Le gouvernement s'assure d'autre part les services d'innombrables experts et professeurs occidentaux. Pour bénéficier du concours des meilleurs spécialistes, il n'hésite pas à offrir de très fortes rémunérations. A la différence des pays actuellement en voie de développement, le Japon de Meiji se résout à prélever sur ses faibles ressources financières les sommes nécessaires à la rétribution de ces experts; partant, il ne montre aucun scrupule à utiliser leurs capacités au maximum. Depuis la réouverture du pays, des centaines de missionnaires, principalement d'origine américaine, répandent gratuitement l'enseignement de la langue anglaise et de diverses autres matières. Bien que la mesure d'exclusion frappant les chrétiens n'ait été officiellement levée qu'en 1873, des missionnaires protestants venus d'Amérique ont fondé à partir de 1859 des écoles qui vont se multiplier rapidement. Elles dispensent un enseignement gratuit qui soulage l'effort du gouvernement. Les experts et les professeurs étrangers attirés à grands frais sont progressivement remplacés par leurs disciples japonais ou par les savants revenus de mission scientifique. Avant même la fin du siècle, les étrangers ne sont plus qu'une infime minorité; ils ont déserté la plupart des organismes officiels et établissements éducatifs, sauf pour l'enseignement des langues étrangères.

L'importance de l'éducation dans un Etat moderne n'échappe pas aux nouveaux dirigeants. L'élévation du niveau d'instruction des masses populaires conditionne la poursuite de l'œuvre de modernisation. L'armée et la marine manquent d'hommes instruits, capables de s'informer des rudiments de la technique occidentale. L'industrie a un immense besoin de main-d'œuvre qualifiée. En 1871, le gouvernement crée un ministère de l'Instruction publique et décrète l'éducation obligatoire pour tous. L'application de cette mesure, qui exige la construction de milliers

Une classe de petits garçons vers 1900.

d'écoles et la formation de dizaines de milliers de maîtres nouveaux, va s'échelonner sur plusieurs années; les crédits nécessaires ne seront dégagés que progressivement. Mais au début du xxᵉ siècle, tous les enfants japonais sont scolarisés. Le système éducatif s'est stabilisé; il peut être comparé à une pyramide : la base, constituée par les six années d'école primaire obligatoire, est surmontée du cycle quinquennal passé en école moyenne puis des trois années d'enseignement secondaire; le sommet comprend un cursus universitaire de trois ans. L'université de Tokyo est fondée en 1877 par regroupement d'institutions préexistantes. Dans son sillage apparaissent d'autres universités impériales et plus tard de nombreuses universités privées.

A la différence de ceux de l'Occident, le système éducatif japonais fut créé *ex nihilo* et placé entièrement sous contrôle étatique, à l'exception des écoles missionnaires et des universités privées qui jouissaient d'ailleurs d'un prestige sensiblement moindre que les universités impériales. Ainsi le système d'instruction se trouva-t-il d'emblée affranchi de l'aura aristocratique et de l'emprise religieuse qui pesaient encore sur la plupart des institutions scolaires occidentales. Dès la fin du xixᵉ siècle, il avait atteint un degré de rationalisation, de sécularisation et de centralisation supérieur à celui de la plupart des systèmes éducatifs occidentaux. L'éducation était d'ailleurs considérée comme un instrument au service de l'Etat; elle devait former des citoyens soumis et possédant les compétences professionnelles requises par un pays moderne. Conçu pour répondre à des besoins précis, le système d'enseignement japonais devait fournir à la fois une masse de main-d'œuvre qualifiée, un vaste corps de techniciens et une élite dirigeante issue des universités impériales.

Cette politique scolaire modifia profondément la physionomie de la société japonaise. En moins de deux générations, l'ancienne stratification sociale fondée sur le prestige et l'hérédité des statuts individuels, fit place à une stratification largement commandée par le niveau d'éducation. L'archipel, qui avait conservé jusqu'au milieu du XIXᵉ siècle son organisation féodale, abritait au début du XXᵉ siècle une société sensiblement plus égalitaire que la société britannique elle-même. Mais un enseignement entièrement aux mains de l'Etat comportait des inconvénients. Entre éducation et endoctrinement, la frontière est souvent ténue. Au lieu d'apprendre à penser, l'école indiquait aux jeunes ce qu'il *fallait* penser. Elle formait des sujets dociles acquis à l'orthodoxie officielle. L'effort machinal de mémorisation nécessaire pour maîtriser le système d'écriture, contribuait en outre à développer la passivité d'esprit. Le Japon a le triste privilège d'avoir été le premier pays au monde à utiliser les techniques totalitaires de conditionnement mental et à transformer l'école en instrument du Pouvoir.

La Constitution de Meiji.

Depuis l'écrasement de la rébellion du clan Satsuma en 1877, le nouveau régime connaît la stabilité politique. Les réformes de Matsukata, au début des années 1880, lui ont assuré une solide assise économique. Le moment semble venu de mettre un terme aux institutions provisoires qui régissent le pays depuis 1868. Les Japonais, qui ont vécu pendant deux siècles et demi dans un climat de totale stabilité politique et institutionnelle, sont impatients de sortir de l'improvisation et de se doter d'une armature politique solide et permanente.

L'idée même de s'en remettre à une constitution pour fixer le cadre de la vie politique d'un pays était une conception occidentale totalement étrangère aux traditions nippones. Elle n'était pourtant pas sans résonance au Japon où les institutions représentatives étaient considérées comme un atout décisif des pays avancés. La mise en place d'un gouvernement constitutionnel assorti d'institutions représentatives ne pouvait qu'impressionner favorablement l'Occident en révélant les progrès accomplis par l'archipel dans la voie de la démocratie. Les Japonais espéraient ainsi accéder plus rapidement à l'égalité diplomatique avec l'Occident et obtenir la levée de l'exterritorialité * et des prescriptions douanières qui leur avaient été imposées unilatéralement. En 1872, Iwakura partit en mission d'observation à travers les Etats-Unis et l'Europe. Il étudia le fonctionnement des gouvernements occidentaux et réclama la révision des traités inégaux. Dans les années 1880, un puissant mouvement en faveur de l'abolition des traités apparut au sein de l'élite japonaise. Mais le Japon devait au préalable forcer le respect de l'Occident.

Dès 1868, l'empereur avait proclamé le « Serment des cinq articles » qui promettait la convocation d'assemblées délibératives. A plusieurs reprises, une Assemblée nationale avait failli être réunie. Les nouveaux dirigeants s'étaient familiarisés avec la démocratie représentative en organisant en 1879 les premières élections aux conseils généraux et l'année suivante, les premières élections municipales.

En 1874, Itagaki, ancien samouraï du clan Tosa devenu membre éminent du gouvernement, démissionne pour fonder un parti d'opposition qui fait campagne pour le régime représentatif. Au début, son mouvement regroupe surtout des samouraï mécontents, proches de ceux qui avaient fomenté la rébellion de Satsuma; mais il attire peu à peu les paysans aisés et une partie de la classe marchande des villes. Vers la fin des années 1870, ce « parti pour la liberté et les droits du peuple » — *Jiyu-minken-undo* — est devenu une force. Il bénéficie du soutien d'intellectuels tels que l'ancien samouraï, Fukuzawa, introducteur de la pensée libérale et des valeurs occidentales au Japon, passé à la postérité comme fondateur de l'université Keiō.

En 1879, l'empereur convoque tous ses conseillers pour recueillir leurs avis et leurs propositions concernant le futur régime constitutionnel. En 1881, l'un d'eux, Okuma du clan Hizen, remet un mémoire qui préconise l'adoption immédiate du système parlementaire britannique. Cette proposition est assortie de violentes attaques contre un autre membre du gouvernement accusé d'avoir vendu à son profit des biens d'Etat situés à Hokkaïdo. Elle provoque un scandale et une crise politique. Eliminé à la faveur d'un remaniement ministériel, Okuma s'engage sur les traces d'Itagaki et fonde un second parti d'opposition. Il suit aussi l'exemple de Fukuzawa en créant la grande université privée de Waseda. Pour dissiper le malaise politique, le gouvernement prend l'engagement d'acheminer en sept ans le pays vers un régime constitutionnel; il promet de convoquer avant 1890 une assemblée nationale dont la conception sera, en définitive, plus proche du modèle conservateur prussien que du modèle démocratique anglais.

L'élaboration finale de la Constitution est confiée à une nouvelle génération d'oligarques qui assure la relève des promoteurs du régime de Meiji. Les grands noms des premières années de la Restauration comme Saigo et Okubo de Satsuma ou Kido de Choshu, ont tous quitté la scène politique vers 1878. Iwakura, le fameux noble de cour, est mort en 1883. Leur disparition laisse le pouvoir à des hommes comme Ito et Yamagata du clan Choshu, et Matsukata du clan Satsuma. Ces derniers forment un noyau homogène qui va dominer l'ensemble de la vie politique japonaise pendant plusieurs décennies. On les appelle les *genro* *, c'est-à-dire les *Anciens*. C'est Ito qui est chargé de rédiger la nouvelle constitution. Il commence par visiter les pays les plus traditionalistes d'Europe, en particulier l'Allemagne et l'Autriche, afin de s'imprégner des théories constitutionnelles qui y ont cours. Avec une activité débordante, il s'emploie à mettre en place les nouveaux organes de la vie politique japonaise.

En 1885, le premier gouvernement de cabinet est constitué sous l'autorité d'un Premier ministre qui n'est autre qu'Ito lui-même. Les oligarques se partagent les différents emplois ministériels. La même année, est créé un nouveau corps de fonctionnaires dont l'université de Tokyo assurera la formation. Dans les années 1890, le nombre de diplômés des universités commence à excéder les besoins du pays. Une sélection doit être établie sur la base d'un système d'examens sévères mais équitables. Enfin l'ensemble de l'armature juridique du pays est révisée. En rapprochant le droit japonais des conceptions occidentales, les oligarques espèrent persuader les puissances étrangères de renoncer au privilège de l'exterritorialité *. Cet effort de rénovation qui se poursuit pendant de longues années, s'inspire dans un premier temps du droit français, puis se tourne vers les constructions juridiques allemandes. Les codes japonais ne seront finalement publiés qu'en 1899.

Une des grandes préoccupations des rédacteurs de la Constitution est de sauvegarder la prérogative impériale — et à travers elle, leur propre pouvoir — face aux assemblées délibératives tenues pour moins bien informées et moins aptes à gouverner que le souverain. La décennie 1870-1880 a été marquée par un engouement pour les mœurs occidentales : tout ce qui venait d'Occident, les idées comme les styles, jouissait de la faveur générale et était adopté aveuglément. Mais le vent tourne à la fin des années 1880 : c'est le premier d'une longue série de revirements qui vont caractériser l'attitude japonaise à l'égard de l'Occident. Ce renversement de tendance explique à la fois la promulgation en 1890 du *Rescrit impérial sur l'éducation,* d'inspiration typiquement confucéenne, et les accents souvent fort conservateurs de la Constitution japo-

naise de 1889. Evitons pourtant de transposer nos conceptions d'hommes du xx° siècle aux réalités japonaises du
xixe siècle finissant. Les auteurs de la Constitution japonaise ont tous connu la société féodale. Ils portent le plus
grand respect à la prérogative impériale et sont habitués à
exercer leur propre autorité de manière autocratique. Rien
d'étonnant à ce qu'ils nous apparaissent étroitement conservateurs. Comment auraient-ils pu, avec un tel passé,
consentir à abandonner une parcelle de leur pouvoir à des
hommes qu'ils jugeaient moins qualifiés qu'eux pour diriger
le pays?

Les oligarques maintiennent toutes les charges et les
dignités de la cour impériale et établissent en 1888 un
Conseil Privé dévoué à l'empereur. En 1884, est créée une
nouvelle noblesse destinée à siéger dans la future Chambre
des pairs qui doit servir de contrepoids à la Chambre basse.
Les aristocrates de la cour et les ci-devant daimyo sont
répartis en cinq échelons nobiliaires en fonction de la taille
de leurs anciens fiefs et de leur loyauté au régime Meiji.
Les dirigeants, qui sont le plus souvent d'anciens samouraï,
organisent leur propre promotion en s'attribuant eux-
mêmes une place dans la nouvelle hiérarchie. Certains
n'hésitent pas à se faire accorder le titre suprême de prince.

La Constitution, enfin promulguée le 11 février 1889,
se présente comme un don gracieux de l'empereur à son
peuple. Elle traite longuement des prérogatives de l'empereur, personnage « sacré et inviolable » reconnu comme
la source de toute autorité. Elle définit avec minutie les
devoirs et les droits des sujets; ces droits sont toutefois
assortis de la restriction d'usage : « dans les limites de la
légalité ». La grande nouveauté de la Constitution est la
création d'une Chambre des représentants entièrement élec-
tive. Seuls les hommes qui payent 15 yen 5 d'impôt direct
ont le droit de vote. Avec de telles conditions de cens, le
corps électoral se réduit à 450 000 personnes, soit environ

LA CONSTITUTION DE MEIJI

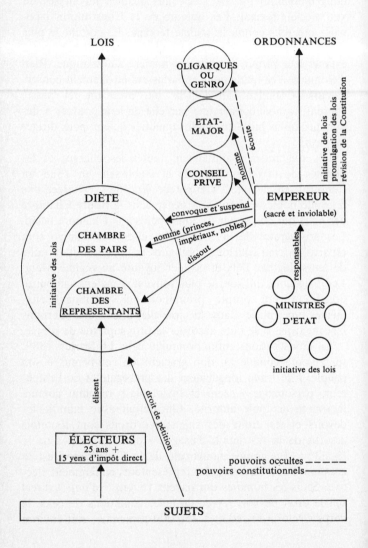

6 % de la population adulte masculine; c'est, grosso modo, l'effectif de l'ancien ordre des samouraï. En réalité, beaucoup d'électeurs sont d'origine roturière, en particulier les paysans propriétaires de leur terre. Une Chambre des pairs est prévue pour faire contrepoids à la Chambre des représentants. Les deux Chambres réunies forment la Diète dont le rôle consiste principalement à voter les impôts et le budget.

La Constitution de Meiji rappelle les premiers balbutiements de la démocratie politique occidentale. Elle s'apparente davantage aux institutions des pays les plus retardataires de l'Europe de 1889 qu'à celles de la France, de l'Angleterre ou des Etats-Unis à la même époque. De nombreux historiens considèrent dès lors que le texte de 1889 est en régression par rapport aux développements du courant démocratique à la fin du XIXe siècle. Selon eux, la première expérience constitutionnelle japonaise s'inspirerait de conceptions délibérément réactionnaires. Il semble plus juste de reconnaître que les contraintes de l'époque excluaient en fait la possibilité d'un régime beaucoup plus démocratique. Les dirigeants étaient en outre trop tributaires d'un contexte social pour développer le libéralisme parlementaire jusque dans ses ultimes limites.

Le plus étonnant est bien que les oligarques aient consenti à accorder une fraction réelle du pouvoir politique à des représentants élus par le peuple. Ils ont, sans doute à dessein, laissé suffisamment d'ambiguïté dans le texte constitutionnel pour permettre une évolution coutumière du régime. La pression de l'opinion n'est pour rien dans les concessions faites aux principes représentatifs; les oligarques étaient assez conscients de leur autorité pour ignorer ses appels. Tout part de la conviction que des institutions calquées sur celles de l'Occident assureraient à l'archipel la stabilité politique, au régime le soutien populaire et à l'opposition une tribune pour s'exprimer pacifiquement.

On espérait surtout qu'un Japon constitutionnel régi par des lois uniformes et justes ferait profonde impression sur les Occidentaux. Cet espoir ne fut pas déçu. La modernisation de la vie politique japonaise eut une part dans la signature du traité du 16 juillet 1894 par lequel la Grande-Bretagne renonçait à son droit d'exterritorialité * avant même que l'archipel n'ait révélé sa puissance militaire dans la guerre sino-japonaise. L'accord prit effet en 1899 lors de la promulgation des nouveaux codes juridiques du Japon. Les autres pays adoptèrent bientôt la même attitude. En 1911, le Japon avait retrouvé son entière liberté douanière et s'était définitivement affranchi des traités inégaux jadis imposés par la supériorité militaire de l'Europe et des Etats-Unis. Le Japon était alors le seul pays oriental à avoir conquis l'égalité diplomatique avec l'Occident.

9

Démocratisation
et impérialisme

Après l'entrée en vigueur de la Constitution de 1889, les Japonais continuèrent à manifester un vif intérêt pour les sciences, les techniques et les valeurs occidentales. Néanmoins, les transformations qui affectèrent la société et l'économie au tournant du siècle procédèrent davantage du développement des nouvelles institutions que d'une référence aux modèles étrangers. Elles donnèrent bientôt un nouveau visage au pays. A l'extérieur, le Japon devint une grande puissance impérialiste. A l'intérieur, il se mua en démocratie parlementaire. Cette évolution apparemment contradictoire n'est pas unique. Déjà, la France et l'Angleterre s'étaient dotées concurremment de vastes empires coloniaux et d'institutions politiques démocratiques. Mais au Japon où le processus de modernisation s'était engagé plus tardivement et selon un rythme plus rapide, cette distorsion constitua une source d'instabilité et un élément de fragilité pour la nation.

L'avant-guerre et les conquêtes coloniales.

La seule tentative japonaise de conquête étrangère remontait à l'époque de Hideyoshi, trois siècles auparavant. Au début de l'ère Meiji, des pressions s'étaient exercées en faveur d'une expédition militaire dirigée contre la Corée. Officiellement, il s'agissait de sanctionner une réponse insultante faite à des propositions japonaises;

l'objectif véritable était en réalité de fournir des emplois aux samouraï évincés par le nouveau régime. C'est à propos de cette affaire que Saigo et Itagaki avaient quitté le gouvernement. Pour apaiser les bellicistes, une expédition beaucoup moins hasardeuse avait été organisée en 1874 contre les Formosans qui venaient de massacrer des marins okinawais. Le gouvernement chinois avait accepté de verser au Japon une indemnité en dédommagement de cet incident, reconnaissant ainsi implicitement le bien-fondé des prétentions japonaises sur les îles Ryu-Kyu. En 1879, ces dernières avaient été rattachées juridiquement à l'archipel et Okinawa reçut le statut de préfecture.

Au début des années 1890, le Japon était en mesure de s'intéresser aux pays voisins et de prendre une part active à leurs affaires. La conception occidentale selon laquelle les grandes nations ont vocation à exercer leur tutelle sur les plus faibles pour le plus grand bénéfice des unes et des autres, régnait alors sans partage. Les conquêtes étrangères passaient pour les meilleurs garants de la sécurité et du prestige d'une nation. La fin du XIXe siècle avait été marquée par une frénésie de colonisation et par le dépècement systématique de la Chine. Dans un tel climat, les dirigeants japonais qui disposaient d'un potentiel militaire estimable et qui s'étaient mis pendant des années à l'école de l'Occident, ne pouvaient qu'épouser la pente naturelle de la diplomatie internationale. Ils y étaient d'autant plus enclins qu'ils considéraient la Corée voisine comme une région stratégique d'importance vitale pour l'archipel.

En 1876, les Japonais avaient utilisé à l'égard des Coréens les méthodes employées contre eux par l'amiral Perry. Ils avaient obligé la Corée à signer un traité et à ouvrir ses portes. Depuis lors leur influence dans la péninsule coréenne n'avait cessé de s'accroître et ils étaient devenus les principaux agents de modernisation du pays. Comme la Corée reconnaissait au moins nominalement la suzeraineté chinoise, le Japon ne pouvait manquer d'entrer en conflit avec le grand Empire continental. Au cours de l'été 1894, une révolte ayant éclaté en Corée, le Japon et la Chine envoyèrent simultanément des troupes d'intervention. De cette double initiative, sortit la guerre entre les deux pays. A la plus grande surprise des puissances occidentales, les forces rénovées du petit archipel triomphèrent aisément du géant chinois. Les armées japonaises déferlèrent sur la Corée et la Mandchourie, détruisirent la flotte chinoise et occupèrent le port de Wei-Haï-Wei dans la péninsule du Chan-toung. Le 17 avril 1895, le traité de Shimonoseki mettait fin à la guerre sino-japonaise. La Chine cédait au Japon Formose, les îles Pescadores et la presqu'île du Liao-toung au sud de la Mandchourie; elle devait en outre verser une lourde indemnité de guerre, reconnaître l'indépendance de la Corée et accorder aux ressortissants japonais les mêmes privilèges diplomatiques et commerciaux qu'aux Occidentaux.

Dans cet âge d'impérialisme triomphant, les pays d'Occident loin de condamner l'agression nippone, se montrèrent satisfaits de la réussite de leur élève. Mais ils firent comprendre aux Japonais que le jeu de l'impérialisme était sans merci et qu'en leur qualité d'Occidentaux, ils n'étaient guère disposés à accepter que d'autres partenaires vinssent chasser sur leurs brisées. De concert, la Russie, la France et l'Allemagne obligèrent le Japon à restituer le Liao-toung à la Chine. Trois ans plus tard, ils s'approprièrent cyniquement une nouvelle part du territoire chinois, les Russes se réservant la péninsule du Liao-toung. Même l'Angleterre s'associa à l'opération en s'emparant de Wei-Haï-Wei occupé jusqu'alors par les Japonais.

Le Japon dut faire bonne figure. Il accepta cette humiliation tout en comprenant que l'antagonisme avec une Russie de plus en plus tournée vers la Mandchourie et la Corée devenait inéluctable. Redoutant une coalition des puissances occidentales, les Japonais cherchèrent un allié européen. La Grande-Bretagne accepta ce rôle avec le double espoir de voir le rival russe s'empêtrer dans une future guerre asiatique et le Japon assumer une partie du fardeau représenté par le contrôle des mers. L'alliance anglo-japonaise conclue en 1902 fut le premier pacte militaire négocié sur pied d'égalité entre un pays occidental et un pays non occidental.

Le terrain était désormais prêt pour un conflit ouvert avec la Russie. Disposant de l'initiative, les Japonais inaugurèrent une nouvelle tactique. En février 1904, ils torpillèrent la flotte russe d'Extrême-Orient et ne déclarèrent la guerre qu'ensuite. La Russie pouvait aligner des forces très supérieures à celles du Japon; mais elle était handicapée par la nécessité de mener les opérations à l'extrémité d'une ligne de chemin de fer à voie unique, longue de plusieurs milliers de kilomètres. D'autre part, la conduite de la guerre fut gênée par les troubles révolutionnaires intérieurs. Ces données expliquent le succès japonais. Les armées nippones bloquèrent la flotte russe dans les ports du Liao-toung qui tombèrent après de sanglants assauts; elles poursuivirent ensuite leur progression à travers la Mandchourie. Pour enrayer cette pénétration, la Russie envoya depuis la Baltique sa flotte européenne qui accomplit un immense périple le long des côtes d'Afrique et à travers le Pacifique. Sitôt qu'elle atteignit le détroit qui sépare la Corée du Japon, elle fut anéantie par les navires japonais. Les forces russes se trouvaient sérieusement atteintes mais le Japon était lui aussi tellement épuisé qu'il s'empressa d'accepter la médiation du président Théodore Roosevelt vivement impressionné par la bravoure et l'efficacité des soldats nippons. Un traité signé le 5 septembre 1905 à Portsmouth dans le New Hampshire (Etats-Unis) mit fin au conflit russo-japonais. Aux termes de cet accord, la Russie reconnaissait les intérêts japonais en Corée et

L'empire colonial japonais

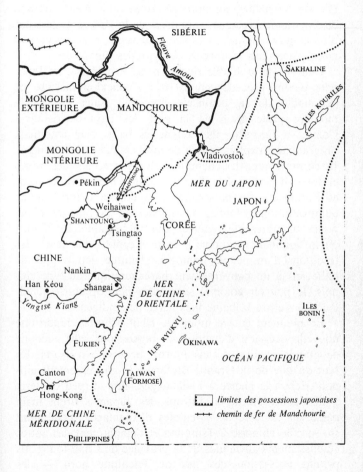

cédait à l'archipel la concession du Liao-toung ainsi que le chemin de fer sud-mandchourien. Enfin les Japonais rachetaient contre une indemnité la moitié méridionale de l'île de Sakhaline, au nord de Hokkaïdo. Allié militaire de la Grande-Bretagne, vainqueur de la Russie, possesseur d'un empire colonial en rapide expansion, le Japon prenait enfin place dans le concert des grandes puissances.

Délivrés de la double rivalité russe et chinoise, les Japonais purent procéder en 1910 à l'annexion discrète de l'ensemble de la péninsule coréenne, sans éveiller la moindre protestation de la part des pays occidentaux. Comme à Formose, ils jetèrent les bases d'un ambitieux programme d'exploitation et de mise en valeur économique. Ils construisirent des chemins de fer, des écoles, des usines et dotèrent la péninsule d'infrastructures modernes. Coréens et Formosans furent soumis à la double autorité d'une administration coloniale inaccessible à la pitié et d'une police omniprésente réputée pour sa brutalité. En Corée, où la domination japonaise toute récente avait heurté les traditions d'un peuple homogène habitué depuis plus de mille ans à un gouvernement bureaucratique de type chinois, le pouvoir colonial se montra plus oppressif qu'ailleurs; il s'attira la haine inexpiable des indigènes.

La première guerre mondiale allait offrir au Japon une nouvelle occasion d'étendre ses possessions sans encourir de grands risques et sans fournir beaucoup d'efforts. En tant qu'allié de la Grande-Bretagne, le gouvernement nippon déclara la guerre à l'Allemagne. Prêtant peu d'intérêt à l'issue du conflit en Europe, les Japonais firent main basse sur les colonies orientales d'Allemagne, s'établirent sur la côte chinoise à Tsing-tao et s'emparèrent des autres établissements allemands de la province du Chan-toung. Ils prirent possession des îles du Pacifique nord — les Mariannes, les Carolines, les Marshall — que le traité de Versailles devait leur attribuer plus tard sous forme de mandats. Enfin, ils profitèrent de ce que toutes les attentions étaient tournées vers le conflit européen pour s'emparer de nouvelles concessions en territoire chinois. En 1915, ils présentèrent à la Chine les *21 Demandes* *. Les Chinois refusèrent de déférer aux plus ambitieuses de leurs exigences qui tendaient à réduire la Chine en un simple protectorat japonais. Mais ils ne purent empêcher l'archipel de s'octroyer de considérables privilèges économiques en Mandchourie, dans le Chan-toung et dans la province côtière de Fou-kien située en face de Formose.

Cinquante ans seulement après la Restauration de Meiji, le Japon sortait grandi du premier conflit mondial et pouvait se poser en principal rival de l'Angleterre pour la domination de la Chine. Lorsque la délégation japonaise se rendit à la Conférence de Versailles, elle prit rang parmi les cinq grands vainqueurs et put se flatter de représenter une nation universellement respectée. Les dirigeants de Meiji qui s'étaient proposé en 1868 de transformer leur pays en une puissance militaire capable de rivaliser avec l'Occident, avaient réalisé leur ambition en un peu plus d'une génération. L'histoire contemporaine fournit à vrai dire peu d'exemples d'une ascension politique aussi fulgurante.

L'après-guerre et les conquêtes économiques.

La puissance militaire du Japon est inséparable de ses progrès économiques. Vers la fin des années 1880, les nouvelles industries atteignent le seuil de rentabilité tandis que les deux guerres contre la Chine et la Russie apportent un coup de fouet à l'économie du pays. Le premier conflit mondial sans rien coûter au Japon lui permet de conquérir les marchés asiatiques isolés par la guerre des foyers d'approvisionnement européens. Les hommes d'affaires japonais saisissent cette occasion inespérée de s'implanter en profondeur sur des marchés monopolisés jusqu'alors par les Occidentaux.

Pendant la période qui nous occupe, le Japon connaît une série de réussites dans diverses industries légères. Les innombrables petites rivières qui descendent vers les côtes de l'archipel sont équipées de centrales hydro-électriques. L'eau courante et le gaz de ville se répandent partout et le réseau de tramways ne cesse de s'étendre. Dans tous les domaines, le Japon se hisse au rang de pays moderne et rattrape son retard sur l'Occident.

Le Japon est le premier pays non occidental à adopter sur une large échelle les techniques industrielles et commerciales modernes : cette initiative lui confère bientôt une position exceptionnelle dans le monde économique. L'association de la technique occidentale et de la main-d'œuvre orientale à bas salaires lui permet de vendre ses produits à des prix compétitifs. Les autres pays d'Asie disposent également d'une main-d'œuvre bon marché mais la technique leur fait défaut. A l'inverse, l'Europe et l'Amérique bénéficient d'une technologie avancée et possèdent davantage de ressources naturelles que le Japon, mais les salaires élevés grèvent les coûts de production. Ce décalage entre les niveaux de vie occidentaux et orientaux d'une part, le retard industriel pris par l'ensemble des pays orientaux d'autre part, placent les entreprises japonaises dans une situation particulièrement favorable. Produisant pour un marché intérieur relativement peu animé ainsi que pour les masses asiatiques déshéritées, le Japon s'oriente vers la fabrication de biens de consommation peu coûteux et de qualité souvent médiocre. A la fin du XIXe siècle, le textile emploie plus de la moitié de la main-d'œuvre industrielle et fournit l'essentiel des exportations. Les industries lourdes telles que les aciéries et les chantiers de construction navale sont aussi encouragées, surtout à des fins militaires. Il faut attendre les années

1930 pour que les Japonais commencent à rivaliser avec les pays occidentaux dans le domaine de l'industrie lourde. Ce n'est qu'après la Seconde Guerre mondiale qu'ils deviendront compétitifs pour la mécanique de précision et l'industrie légère.

Outre son abondance numérique, la main-d'œuvre japonaise présente l'avantage d'être hautement qualifiée. A la différence des populations des autres pays asiatiques, les masses japonaises sont familiarisées de longue date avec le travail salarié et ont hérité des activités artisanales traditionnelles un bon niveau de qualification. Les progrès de la médecine et des infrastructures ont entraîné un doublement de la population au cours du demi-siècle qui a suivi la Restauration de Meiji. L'archipel compte environ 60 millions d'habitants. Les campagnes japonaises, déjà surpeuplées pendant la période Tokugawa, constituent un réservoir apparemment inépuisable de main-d'œuvre peu coûteuse. Une pareille situation diffère profondément de celle des Etats-Unis où la mécanisation agricole a libéré des bras pour les emplois urbains et contribué à l'apparition d'une florissante agriculture extensive. Un tel schéma de développement n'est applicable que dans les pays où la terre est abondante et la main-d'œuvre rare. Le Japon se caractérise au contraire par un minimum de superficie cultivable et de grandes disponibilités de main-d'œuvre. Les terres laissées en friche y sont exceptionnelles, sauf à Hokkaïdo, et la dimension moyenne des exploitations agricoles dans les trois îles méridionales est à peine supérieure à un hectare. Dans ces conditions, les populations rurales pléthoriques sont contraintes d'émigrer vers les villes. Comme les industries nouvelles ont rarement un taux de croissance qui leur permette d'absorber cet apport continu de main-d'œuvre, les salaires urbains ont tendance à stagner au niveau dérisoire de ceux de la microculture japonaise. Les filles des campagnes fournissent entre leur sortie de l'école et leur mariage vers l'âge de vingt ans, l'essentiel de la main-d'œuvre de l'industrie textile. Parquées dans des dortoirs, elles constituent une force de travail bon marché, docile et efficace. Les fils cadets, contraints de chercher de l'embauche vers les villes, forment peu à peu une classe ouvrière mieux intégrée à la vie citadine; mais ils ne rompent jamais complètement les ponts avec leur milieu rural d'origine vers lequel ils se replient dans les périodes de crise. Ceux des premières générations restent toute leur vie des paysans déracinés.

Dans l'immédiat, les succès de l'industrie japonaise n'entraînent donc aucune amélioration sensible du niveau de vie des couches populaires. La rapide croissance démographique et les effectifs pléthoriques du monde paysan excluent toute transformation profonde des conditions d'existence. Sans doute la baisse des prix des produits manufacturés et l'amélioration de la qualité des biens de consommation profitent-elles à toutes les classes de la société. Tissus de coton bon marché, chaussures à semelles de crêpe, bottes en caoutchouc, bicyclettes deviennent accessibles à tous. L'économie de services se développe également : l'instruction publique, la médecine, l'éclairage électrique, les transports par rail, rapides et économiques, sont mis à la disposition du citoyen japonais. Mais on constate peu d'amélioration dans des secteurs aussi primordiaux que l'alimentation et le logement.

Les objectifs politiques de la classe dirigeante expliquent en partie que les masses aient été frustrées des fruits de la croissance économique. Conformément au vieux slogan « pays riche et armée forte », les responsables du pays accordent une attention prioritaire au développement des infrastructures industrielles et à l'édification d'une puissante force militaire.

D'autre part, la concentration du pouvoir économique entre quelques grands *zaibatsu* * favorise la production de biens d'équipement au détriment des biens de consommation. Les habitudes d'épargne parcimonieuse que les Japonais ont héritées de la morale confucéenne traditionnelle et des entraves économiques de la période Tokugawa, renforcent d'ailleurs la tendance à s'accommoder d'une existence simple. Même les membres des grandes cliques financières font preuve, en dépit de leur fortune, d'une évidente frugalité. Au lieu de rechercher les biens d'agrément, de se faire ouvrir des comptes dans les banques occidentales, d'acquérir des villas à l'étranger, ils réinvestissent systématiquement leurs profits dans les entreprises en expansion. Même l'homme du peuple a coutume de déposer une large partie de ses revenus dans les caisses d'épargne. Ces habitudes d'économie se sont maintenues jusqu'à nos jours.

La forte concentration du pouvoir économique avait au Japon une double origine. Elle résultait pour une part des dénationalisations opérées par Matsukata dans les années 1880; mais elle provenait plus encore de l'aide financière et du patronage que le régime apportait aux entreprises les mieux placées pour édifier les infrastructures dont le pays avait besoin. Les dirigeants des zaibatsu étaient en relation étroite avec l'élite politique, soit en raison d'origines communes, soit par l'intermédiaire de liens matrimoniaux. De tels contacts débouchaient sur un régime de favoritisme qui, rapporté à nos conceptions actuelles, peut paraître scandaleux. C'est ainsi qu'Iwasaki put édifier le trust Mitsubishi grâce à des subventions et des commandes gouvernementales de navires à l'occasion de la campagne contre Formose en 1874 et de la répression de la mutinerie du clan Satsuma en 1877. Une telle collusion entre le gouvernement et les milieux d'affaires pouvait apparaître contestable au regard de la morale; elle n'en détermina pas moins une croissance économique singulièrement rapide. Elle eut en outre pour conséquence indirecte de faire naître un esprit de confiance et de coopération entre le monde politique et les milieux d'affaires. Alors qu'aux Etats-Unis les relations entre l'Etat et le secteur privé étaient marquées par un climat de suspicion réciproque et d'hostilité mutuelle, au Japon, les hommes d'affaires acceptaient volontiers du gouvernement des directives et des contrôles déjà très développés par les Tokugawa. L'intervention étatique s'exerçait d'ailleurs dans un esprit moderne. Elle se traduisait notamment par des incitations aux regroupements ou aux concentrations économiques. C'est ainsi que les chantiers de construction navale de Mitsui et Mitsubishi fusionnèrent en 1885 afin de mieux concurrencer les chantiers occidentaux. De même, dans les années 1890, les filatures de coton formèrent, sous l'autorité de Shibuzawa, un puissant cartel disposant d'un pouvoir de marchandage étendu sur le marché mondial du coton. Ces diverses impulsions imprimèrent à la croissance économique japonaise une orientation nettement plus volontariste et plus dirigiste que dans les pays occidentaux.

L'intervention systématique de l'Etat risquait de transformer les entreprises japonaises en un simple secteur « assisté », incapable de survivre par lui-même. Heureusement, ce danger sut être écarté. Les deux plus grandes entreprises japonaises, Mitsui et Mitsubishi, représentent le prototype parfait des zaibatsu, ces conglomérats si caractéristiques de l'économie nippone. Habituellement, les zaibatsu se composent d'une société de holding * entièrement aux mains de la famille qui a donné son nom au groupe. Cette dernière, par un jeu de participations financières, contrôle les principales entreprises industrielles et commerciales du groupe qui, à leur tour détiennent des parts dans les entreprises de moindre importance et les filiales. Cette structure n'est pas sans rappeler le régime shogunal des Tokugawa avec sa superposition de fiefs et de manoirs. Les relations interpersonnelles à l'intérieur des

STRUCTURE SCHÉMATIQUE D'UN ZAIBATSU

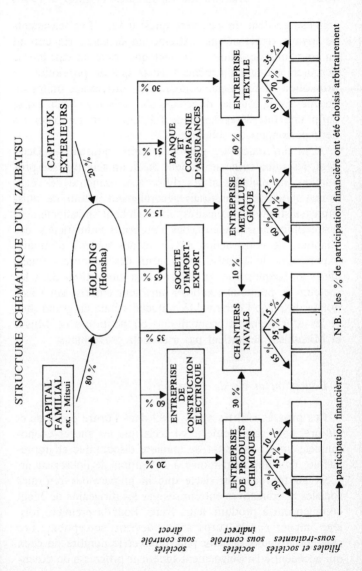

N.B. : les % de participation financière ont été choisis arbitrairement

zaibatsu gardent un caractère quasi féodal. Les sentiments de loyauté revêtent une extrême importance. En entrant en fonctions, le jeune cadre sait que toute sa carrière se déroulera au sein du même trust et que de promotion en promotion, il finira par connaître les différentes unités du groupe. Entre tous les directeurs d'un même zaibatsu existe enfin une interdépendance de fait qui vient renforcer les liens personnels de solidarité.

A la différence des grands empires industriels d'Occident, les zaibatsu ne se limitent pas à un seul type de production; ils embrassent les différentes branches de l'économie moderne. Constitués généralement autour de puissantes institutions bancaires, ils englobent indistinctement des exploitations minières, des entreprises industrielles, des chantiers de construction navale et des sociétés d'import-export. Une telle assise leur fournit des ressources financières suffisantes pour procéder à des innovations dans les secteurs de pointe et renforcer ainsi leur emprise sur l'économie du pays. Leur rivalité mutuelle s'étale au grand jour et les affrontements économiques ou politiques de Mitsui et Mitsubishi ne tardent pas à devenir proverbiaux.

Education et vie de l'esprit.

Les progrès réalisés après 1889 dans l'ordre politique et culturel sont sans doute aussi réels que les succès économiques; mais, survenant de manière discontinue et imprévisible, ils s'imposent moins à l'attention de l'observateur. C'est au tournant du siècle que la plupart des réformes sociales et éducatives entreprises par les dirigeants de Meiji commencent à produire leurs fruits. Pour la première fois, leur impact sur le corps social devient perceptible. Les citoyens instruits ne sont plus rares et le nombre de ceux qui accèdent à l'enseignement supérieur progresse de décennie en décennie. La classe d'affaires s'étoffe tandis que se poursuit l'essor des classes moyennes urbaines composées de « cols blancs » auxquels les Japonais réservent le nom de « salariés ». Les nouvelles générations, qui n'ont pas connu la période Tokugawa, doivent leur formation au nouveau système d'éducation qui les a tenues à l'écart des influences féodales de l'ancien régime. Un homme comme Fukuzawa introduit au Japon l'utilitarisme anglais, le darwinisme social et la philosophie rousseauiste. Vers la fin du siècle, les doctrines socialistes venues d'Europe commencent à s'infiltrer dans l'archipel. Dans les années 1880, une puissante communauté chrétienne s'est créée dans le sillage des écoles missionnaires; elle exerce sur la morale et le système de valeurs japonais une influence hors de proportion avec le nombre relativement modeste de ses membres. A la même époque, la réaction antioccidentale engendre différents courants ultra-nationalistes. Associés à l'expansionnisme militaire, ils répandent l'image d'un Japon appelé à protéger l'Asie de l'asservissement par l'Occident. Les journaux et les magazines prolifèrent et étendent leur diffusion grâce aux progrès de l'alphabétisation et à la passion des Japonais pour la lecture.

Ce climat d'effervescence culturelle contribue au renouveau de la littérature nationale. Dans les premières décennies de la Restauration de Meiji, l'activité intellectuelle s'était surtout orientée vers la traduction d'ouvrages occidentaux. Au tournant du siècle, Natsume Soseki inaugure avec quelques autres écrivains un nouveau style romanesque qui s'inspire à la fois de la littérature occidentale et du patrimoine littéraire de la période Tokugawa. Leurs œuvres prennent place parmi les grandes productions de la littérature mondiale contemporaine. Elles se distinguent par une référence permanente à l'expérience personnelle de l'auteur et par une minutieuse analyse de la vie intime. La plupart expriment un sentiment aigu d'aliénation indi-

viduelle qui reflète la tension psychologique des Japonais
écartelés entre les normes héritées de l'ancien régime et
les valeurs occidentales d'un âge nouveau.

L'apprentissage de la démocratie parlementaire.

Dans ce contexte de mutations économiques et mentales,
le système politique conçu en 1889 par les hommes de
Meiji connut une évolution assez différente de celle
qu'avaient imaginée ses promoteurs. La Chambre des représentants se révéla fort turbulente et les pères du régime
découvrirent avec consternation qu'ils l'avaient dotée de
pouvoirs qui excédaient leurs intentions. La disposition
prévoyant la reconduction automatique du budget précédent en cas de refus de la loi de finances [1], se révéla inadéquate dans une économie en croissance rapide. Les crédits de l'année précédente étaient toujours insuffisants.
Pour obtenir le vote de nouveaux impôts et de crédits supplémentaires, le gouvernement était contraint d'accorder
aux représentants du peuple des concessions qui l'enga-
geaient bien au-delà de ce qu'il eût souhaité.

La nouveauté la plus surprenante de l'époque Meiji fut
l'apparition dans un pays jusqu'alors entièrement dépourvu
de traditions libérales d'une puissante aspiration populaire
en faveur d'un partage démocratique du pouvoir. Cette
tendance révélait la séduction exercée par les institutions
européennes en même temps que le rayonnement universel de l'idée démocratique. Les membres de l'ancienne
classe privilégiée qui possédaient une forte tradition de
participation politique, étaient en général favorables à la
démocratisation du régime. La grande majorité des anciens
samouraï s'étaient difficilement reclassés après l'abolition

---

1. Cette disposition était empruntée au système bismar-
ckien. (N.d.T.)

de leurs prérogatives; ils avaient tout à gagner d'un partage des responsabilités politiques. Hostiles au pouvoir qui les avait spoliés, ils étaient nombreux à avoir embrassé le journalisme qui leur permettait d'exprimer leur opposition au gouvernement. Ainsi prit naissance la tradition toujours vivace qui veut que la presse japonaise soit largement une presse d'opposition. Beaucoup d'anciens nobles considéraient l'apparition de partis politiques modernes et la création d'assemblées élues comme une occasion d'acquérir droit de cité parmi l'élite dirigeante du pays. Des hommes d'origine paysanne ou marchande en se ralliant à ces aspirations démocratiques, montrèrent à quel point l'éthique samouraï avait influencé les éléments cultivés de la nation, sans doute dès la période Tokugawa. Dans l'ensemble cependant, les mobiles des défenseurs du gouvernement représentatif étaient assez voisins de ceux des premiers partisans du Parlement britannique : l'idéal démocratique s'effaçait derrière la volonté intéressée de se hisser au pouvoir.

Itagaki, l'un des premiers dirigeants du nouveau régime, militait pour le gouvernement représentatif depuis 1874. Il avait fondé le « Parti pour la liberté et les droits du peuple », solidement implanté quoique dépourvu d'influence effective sur le pays. En 1881, le renvoi d'Okuma du gouvernement et l'annonce de la convocation d'une assemblée nationale suscitèrent une vive effervescence politique à laquelle Itagaki et Okuma prirent une part active. Les élections pour les conseils de préfecture en 1879 et les élections municipales de 1880 leur permirent d'acquérir une expérience concrète de la pratique électorale. A la consternation du gouvernement, ils gagnèrent les premières élections législatives et se retrouvèrent majoritaires à l'ouverture de la session, le 25 novembre 1890.

A la Diète, les élus d'opposition se groupèrent autour de deux partis : le parti libéral *(Jiyuto *)* qui rassemblait les amis d'Itagaki et le parti progressiste *(Kaishinto *)* qui réunissait ceux d'Okuma. Le meilleur moyen dont ils disposaient pour imposer leur autorité était de faire obstacle au vote du budget. Pendant quatre années, leur opposition ne désarma point et ils furent en conflit permanent avec les oligarques qui dirigeaient le pays. Le gouvernement prononça à plusieurs reprises la dissolution de la Diète dans l'espoir que de nouvelles élections dégageraient des chambres plus dociles et plus coopératives. Pour intimider les candidats d'opposition, on n'hésita pas à recourir aux pressions administratives et policières ou à acheter des voix. Les candidats gouvernementaux furent néanmoins battus, même lors des élections générales de février 1892, second scrutin de l'histoire japonaise demeuré célèbre par les violences et les corruptions dont il fut le prétexte. L'équipe dirigeante jugeait l'institution parlementaire de plus en plus nuisible. Certains proposèrent de l'abolir. C'était courir le risque de perdre la face vis-à-vis de l'Occident et compromettre définitivement les chances d'accéder à l'égalité diplomatique avec les grandes puissances. Ito, l'auteur de la Constitution, soucieux de ne pas se déjuger, insista pour que l'on poursuivît l'expérience de gouvernement constitutionnel.

La guerre sino-japonaise, comme toutes les guerres ultérieures, procura quelque répit au ministère. A l'instar de tous les parlementaires du monde, les membres de la Diète japonaise, portés par un grand élan de chauvinisme, mirent une sourdine à leurs querelles pour voter le budget militaire. La guerre terminée, un compromis politique fut tenté : Ito fit entrer Itagaki dans son gouvernement en échange de l'appui des libéraux. En 1896, Matsukata conclut un accord analogue avec les progressistes d'Okuma. Continuant à entretenir la fiction d'un cabinet placé au-dessus des partis, l'oligarchie dirigeante était néanmoins disposée à faire quelques concessions aux oppositions. Ces dernières ne répugnaient pas à se prêter à une transaction négociée. Leur objectif essentiel était en effet de dominer la Chambre des représentants sans égard pour la ligne politique suivie. Progressistes et libéraux se montraient plus impatients d'accéder sans délai aux responsabilités politiques que de défendre les idéaux démocratiques. Le fonctionnement du parlementarisme japonais s'avérait chaotique et ne cessait de s'éloigner du schéma idéal auquel avait rêvé Ito. Du moins le régime surmontait-il sa maladie infantile. C'était la première fois dans un pays non occidental qu'un Parlement jouait un rôle politique. L'institution semblait d'ailleurs traverser la même évolution que le Parlement britannique, l'ancêtre de tous les parlements du monde; elle allait encore connaître de nombreuses vicissitudes.

En 1898, comme aucun des membres de l'oligarchie n'acceptait de devenir Premier ministre, on confia à Okuma et Itagaki le soin de former le gouvernement. L'expérience échoua à cause des rivalités de leurs deux partis et du refus de coopération de l'administration. Le fondateur de l'armée japonaise, Yamagata, qui figurait parmi les oligarques les plus conservateurs, décida alors de rétablir le *statu quo ante* et de se passer du Parlement. Il constitua un cabinet extra-parlementaire, renforça la répression des manifestations publiques, institua une surveillance des activités politiques et limita l'accès à la fonction publique de manière à éliminer les candidats peu sûrs. Pour éviter que des civils n'aient un droit de regard sur l'armée, les ministères de la Guerre et de la Marine furent confiés respectivement à des généraux et des amiraux d'active. Yamagata tenta enfin, sans succès d'ailleurs, de former un parti gouvernemental et modifia le régime électoral.

La nouvelle loi électorale [1] comportait deux dispositions

1. Cf. *infra*, tableau des lois électorales japonaises, p. 196.

essentielles : la première, en abaissant le montant d'impôts exigé pour être électeur, portait l'effectif du corps électoral à près d'un million de personnes; la seconde opérait un nouveau découpage des circonscriptions qui étaient regroupées en unités plus vastes. Les élections se déroulaient dans le cadre des préfectures; les plus peuplées pouvaient comporter jusqu'à treize sièges à pourvoir. La réforme avait pour objectif officiel de dégager une élite régionale ouverte aux grands débats d'intérêt national. Elle visait en réalité à rendre la propagande électorale moins aisée et à permettre au parti gouvernemental de faire contrepoids aux deux formations d'opposition grâce à un système voisin de la représentation proportionnelle.

Les réformes de Yamagata paralysèrent pour un temps l'opposition. Mais, comme il n'était guère possible de gouverner efficacement sans l'appui d'une solide majorité à la Diète, Ito fut chargé par ses pairs de reconsidérer l'attitude du gouvernement à l'égard de l'opposition. En 1900, il se résolut à appliquer les solutions qu'il préconisait depuis quelque temps. Son idée s'inspirait du principe américain selon lequel mieux vaut une opposition à l'intérieur du gouvernement qu'à l'extérieur. Il convia ses partisans à former avec les libéraux un nouveau parti politique : le *Seiyukai*.* Devenu président de la nouvelle formation, Ito fut désigné comme Premier ministre pour la quatrième fois. Chargé de constituer le gouvernement, il confia plusieurs portefeuilles aux membres de l'ancien parti d'opposition. Cette manœuvre offrait le double avantage d'assurer au ministère un appui solide à la Diète et de permettre aux anciens opposants de jouer enfin un rôle politique actif.

Grâce au compromis imaginé par Ito, les institutions connurent pendant plus de dix ans un fonctionnement harmonieux. La vie politique japonaise semblait trouver sa vitesse de croisière et atteindre enfin la stabilité qui avait fait défaut à la première décennie de gouvernement constitutionnel. Cependant, Ito ne pouvait conserver longtemps sa position ambiguë de chef de parti et de membre de l'oligarchie traditionnelle. Son principal rival au sein de l'oligarchie, Yamagata, se déclara scandalisé par son double jeu et incita la Chambre des pairs à lui refuser le budget. En 1901, Ito se retira en faveur du général Katsura, un des protégés de Yamagata qui était issu, comme lui, du clan Choshu. A l'instar de Yamagata, Katsura appliqua d'abord une politique résolument hostile aux partis et prononça à deux reprises — en 1902 et 1903 — la dissolution de la Diète. La guerre russo-japonaise de 1904-1905 mit un terme provisoire aux dissensions politiques. Sitôt après la fin des hostilités, un nouveau compromis fut conclu entre le gouvernement et le parti *Seiyukai*. Ce dernier assurait le ministère de sa loyauté contre la promesse que la présidence du Conseil lui reviendrait après le départ de Katsura.

Quant à Ito, il avait quitté le devant de la scène politique. En 1903 il avait cédé la direction de son parti à son protégé, le prince Saionji, se réservant pour lui-même la fonction prestigieuse de président du Conseil Privé. Il termina sa carrière comme résident général en Corée où il fut assassiné en 1909 par un patriote insurgé contre le joug nippon. Saionji était, comme Ito, un chef de parti ondoyant. Descendant de la vieille aristocratie de la cour des Fujiwara, il avait terminé ses études en France. De retour au Japon, il était devenu journaliste de la presse libérale, puis avait gravi les échelons de l'administration avant de prendre la tête du parti *Seiyukai*. Il devait terminer sa carrière comme membre du Conseil des anciens hommes d'Etat ou *genro* *.

Le principal leader du *Seiyukai* après Katsura était Hara. Issu d'une grande famille samouraï du Japon septentrional, il avait suivi le même cursus que le prince Saionji : journaliste d'opposition, fonctionnaire militant au service de Ito.

Mais un homme du Nord devait borner ses ambitions aux fonctions parlementaires. Entre 1906 et 1912 tandis que Saionji, toujours président du *Seiyukai,* alternait avec Katsura à la présidence du Conseil, Hara s'employa à transformer le *Seiyukai* en un véritable parti de gouvernement. Le *Seiyukai* soutint tour à tour Saionji et Katsura et obtint en retour un appui officiel qui lui permit de gagner chaque élection sans difficultés. Ainsi s'instaura un équilibre relativement stable entre les parlementaires qui dominaient la Chambre basse et les oligarques qui régnaient sur la bureaucratie.

Cette période d'apaisement prit fin en décembre 1912 avec la démission du ministre de la Guerre auquel on venait de refuser la création de nouvelles divisions. Son départ provoqua la chute du second cabinet Saionji. Katsura forma son troisième ministère, mais cette fois sans le soutien du *Seiyukai.* Il se heurta à une violente campagne d'opinion orchestrée par les hommes politiques et la presse, sous le nom de « Mouvement pour la défense du gouvernement constitutionnel ». En désespoir de cause, Katsura tenta de créer un nouveau parti, le *Doshikai *,* qui regroupait tous ses adeptes au sein de la bureaucratie ainsi que certains transfuges d'Okuma. Comme il ne parvenait cependant pas à constituer une majorité à la Chambre basse, il dut céder la place en février 1913 à l'amiral Yamamoto. Ce dernier, originaire du clan Satsuma, dénoua la crise. Il obtint le soutien du *Seiyukai* en adoptant son programme politique et en faisant entrer six de ses membres dans le cabinet. Mais, s'épuisant à la tâche, il mourut la même année.

Au même moment le décès de l'empereur Meiji au cours de l'été 1912 ouvrait l'ère Taisho et inaugurait une nouvelle période de la vie politique japonaise. L'effervescence parlementaire de l'hiver 1912, que les historiens désignent sous le terme de « crise de Taisho », annonçait une relève politique. L'incapacité intellectuelle du nouvel empereur, suppléé dès 1921 par son fils devenu régent, rendait caduque la notion de « prérogative impériale ». La preuve en fut donnée pendant la crise de Taisho lorsque le *Seiyukai* refusa d'obéir à un édit impérial qui lui prescrivait de collaborer avec Katsura. A partir de cette date, la procédure des édits impériaux tomba définitivement en désuétude.

La crise de Taisho sonnait le glas de la vieille oligarchie en tranchant les liens qui avaient assuré jusqu'alors la cohésion de la bureaucratie. L'armée avait contribué à cette désagrégation. Habituée à mener une politique autonome, elle relevait directement de l'empereur depuis que Yamagata avait fait inscrire dans la Constitution le principe de l'indépendance du pouvoir militaire vis-à-vis des autorités civiles. Pendant son passage au gouvernement en 1900, Yamagata avait introduit l'usage de confier à des officiers d'active les postes de direction des ministères de Défense. Cette disposition conférait aux militaires un véritable droit de veto au sein du cabinet.

L'activité inlassable des partis d'opposition excluait qu'un Premier ministre pût conserver le pouvoir sans une solide majorité à la Diète. La presse et l'opinion publique ne cachaient pas leur préférence pour un gouvernement constitutionnel comportant un cabinet responsable devant la majorité parlementaire. Ce type de régime était loin de répondre aux aspirations de l'oligarchie en 1889.

En essayant de créer un parti de gouvernement distinct du *Seiyukai,* Katsura avait montré qu'aucune formation partisane ne disposait du monopole du jeu politique. Malgré un échec en 1913, le *Doshikai* bénéficia — comme le *Seiyukai* en 1900 — d'un apport d'hommes de talent issus pour la plupart de l'administration. Sous l'influence de Kato, ancien ministre plénipotentiaire en Grande-Bretagne et ministre des Affaires étrangères dans le troisième

LES PARTIS POLITIQUES JAPONAIS

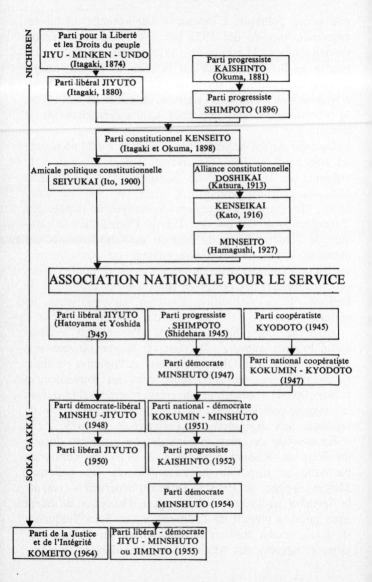

NICHIREN

Parti pour la Liberté et les Droits du peuple
JIYU - MINKEN - UNDO (Itagaki, 1874)

Parti libéral JIYUTO (Itagaki, 1880)

Parti progressiste KAISHINTO (Okuma, 1881)

Parti progressiste SHIMPOTO (1896)

Parti constitutionnel KENSEITO (Itagaki et Okuma, 1898)

Amicale politique constitutionnelle SEIYUKAI (Ito, 1900)

Alliance constitutionnelle DOSHIKAI (Katsura, 1913)

KENSEIKAI (Kato, 1916)

MINSEITO (Hamagushi, 1927)

ASSOCIATION NATIONALE POUR LE SERVICE

Parti libéral JIYUTO (Hatoyama et Yoshida 1945)

Parti progressiste SHIMPOTO (Shidehara 1945)

Parti coopératiste KYODOTO (1945)

Parti démocrate MINSHUTO (1947)

Parti national coopératiste KOKUMIN - KYODOTO (1947)

Parti démocrate-libéral MINSHU -JIYUTO (1948)

Parti national - démocrate KOKUMIN - MINSHUTO (1951)

Parti libéral JIYUTO (1950)

Parti progressiste KAISHINTO (1952)

Parti démocrate MINSHUTO (1954)

Parti de la Justice et de l'Intégrité KOMEITO (1964)

Parti libéral - démocrate JIYU - MINSHUTO ou JIMINTO (1955)

SOKA GAKKAI

LES PARTIS POLITIQUES JAPONAIS

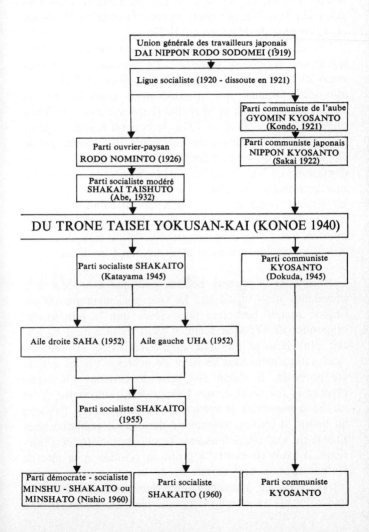

Union générale des travailleurs japonais
DAI NIPPON RODO SODOMEI (1919)

Ligue socialiste (1920 - dissoute en 1921)

Parti communiste de l'aube
GYOMIN KYOSANTO
(Kondo, 1921)

Parti communiste japonais
NIPPON KYOSANTO
(Sakai 1922)

Parti ouvrier-paysan
RODO NOMINTO (1926)

Parti socialiste modéré
SHAKAI TAISHUTO
(Abe, 1932)

DU TRONE TAISEI YOKUSAN-KAI (KONOE 1940)

Parti socialiste SHAKAITO
(Katayama 1945)

Parti communiste
KYOSANTO
(Dokuda, 1945)

Aile droite SAHA (1952)

Aile gauche UHA (1952)

Parti socialiste SHAKAITO
(1955)

Parti démocrate - socialiste
MINSHU - SHAKAITO ou
MINSHATO (Nishio 1960)

Parti socialiste
SHAKAITO (1960)

Parti communiste
KYOSANTO

cabinet Katsura, le nouveau parti devint le principal rival du *Seiyukai*. En 1914, Hara prit la succession du prince Saionji à la tête du *Seiyukai*, tandis que Kato devenait président du *Doshikai* qui allait recevoir le nom de *Kenseikai* en 1916 puis de *Minseito* en 1927.

Les cinq années qui suivirent la « crise de Taisho » furent une période de transition. Le gouvernement Yamamoto soutenu par le *Seiyukai* céda la place en 1914 à un ministère Okuma qui, partiellement contrôlé par le *Doshikai* de Kato, était en réalité l'expression de l'ancienne oligarchie. Entre 1916 et 1918, le pouvoir revint au général Terauchi, un protégé de Yamagata, issu comme lui du clan Choshu, qui tenta vainement de revenir au « transcendantalisme ». En septembre 1918, Yamagata pressentant une catastrophe prochaine, appuya Hara pour succéder au général Terauchi à la présidence du Conseil. En prenant ouvertement le parti de Hara contre Kato, il entendait montrer que l'élite dirigeante traditionnelle était désormais acquise à un gouvernement constitutionnel fondé sur le jeu des partis.

Hara était le premier homme politique à accéder à la présidence du Conseil par la voie parlementaire. D'une origine sociale beaucoup plus élevée que la plupart des oligarques de l'époque Meiji, il avait montré qu'il se sentait plus homme politique que bureaucrate en refusant systématiquement tous les titres de noblesse qui lui avaient été proposés. Il restait aux yeux de certains « le grand roturier ». En dépit de son tempérament autoritaire, il fut un fin manœuvrier et recourut à la politique de l'assiette au beurre si souvent stigmatisée dans la vie publique américaine du XIXᵉ siècle finissant. Trois fois ministre de l'Intérieur, il avait su mettre à profit sa position à la tête de l'administration préfectorale et de la police pour écarter les partisans de Yamagata nombreux parmi les fonctionnaires locaux et se constituer une clientèle fidèle. Il était passé maître dans la manipulation des fonds publics dont il se servait pour doter en travaux d'infrastructure et en écoles supérieures les circonscriptions électorales qui avaient assuré le succès de son parti. Il avait refusé d'adopter les normes internationales d'écartement ferroviaire que les militaires désiraient substituer aux voies étroites peu utilisables à des fins stratégiques. Il préférait consacrer le budget des chemins de fer à construire une série de lignes secondaires d'intérêt purement électoral.

Pour avoir réussi à faire fonctionner un système de multipartisme dans la tradition parlementaire britannique, Hara n'était pas pour autant un démocrate au sens moderne du terme. Ses origines ne l'y prédisposaient guère. Il se souciait peu d'établir le suffrage universel masculin qu'une fraction de l'opinion réclamait depuis longtemps. Il se contenta en 1919 d'abaisser le cens, ce qui porta l'effectif du corps électoral à plus de trois millions de citoyens. Il adopta d'autre part le scrutin majoritaire uninominal de circonscription; d'inspiration anglo-américaine, le nouveau régime électoral se substituait à la représentation proportionnelle et permettait au parti majoritaire de conserver plus aisément sa suprématie. Les élections générales de 1920 démontrèrent les vertus du nouveau mode du scrutin puisque le *Seiyukai* enleva 278 sièges sur les 464 que comportait la Chambre basse.

Un accident de l'histoire apporta un dénouement tragique à la puissante emprise de Hara; en novembre 1921 un jeune exalté assassina le chef du premier gouvernement parlementaire japonais. Son successeur, Takahashi, qui s'était signalé dans le passé comme un remarquable ministre des Finances, s'avéra un piètre président du Conseil. Après sa chute, se succédèrent — de 1922 à 1924 — trois cabinets extra-parlementaires; dirigés respectivement par deux amiraux et un oligarque ami de Yamagata, ils n'eurent qu'une durée éphémère. Aux élections générales de mai

Loi électorale	Conditions pour être électeur	Application effective	Corps électoral	Pays légal par rapport au pays réel
1889	*sexe* : masculin *âge* : 25 ans *cens* : 15 yen	1890	453 474	1 %
1900 (Yama-gata)	*sexe* : masculin *âge* : 25 ans *cens* : 10 yen	1902	983 193	2 %
1919 (Hara)	*sexe* : masculin *âge* : 25 ans *cens* : 3 yen	1920	3 069 787	5 %
1925 (Kato)	*sexe* : masculin *âge* : 25 ans	1928	12 409 078	20 %
1947	deux sexes *âge* : 20 ans	1949	42 105 300	53 %

1924, les députés sortants subirent une cuisante déroute qui marqua le retour à l'alternance au pouvoir des différents partis, un peu à la manière anglaise. Kato, le président du *Kenseikai* (l'ancien parti *Doshikai*) fut appelé à la présidence du Conseil en juin 1924 et après sa mort en janvier 1926, son parti conserva le contrôle du Cabinet pendant plus d'une année. En 1927, ce fut au tour du *Seiyukai* d'assumer les responsabilités du pouvoir en la personne de son nouveau leader, le général Tanaka, un militaire de carrière venu à la politique parlementaire par ambition. Deux ans plus tard, le pouvoir revint au *Minseito* (nouveau nom du *Kenseikai*) qui devait le restituer en 1931 au *Seiyukai*.

Pendant les années passées dans l'opposition avant 1924, le *Kenseikai* s'était fait l'interprète des revendications populaires. En 1925, il fut à l'origine de l'abolition du cens électoral par le gouvernement Kato. Le Japon adoptait le suffrage universel masculin trente-cinq ans seulement après avoir élu son premier Parlement. C'était un délai sensiblement plus bref que celui qui avait été nécessaire à la démocratie britannique pour s'implanter définitivement en 1867. La réforme électorale de 1925 prévoyait par ailleurs que les élections se dérouleraient dans un cadre géographique intermédiaire entre les vastes circonscriptions établies en 1900 par Yamagata et les unités plus étroites utilisées pour le scrutin uninominal depuis la réforme Hara de 1919. Les circonscriptions étaient de dimensions moyennes et élisaient chacune entre trois et cinq députés. Le mode de scrutin conçu pour refléter fidèlement les tendances du corps électoral et limiter au maximum les inégalités de représentation est encore aujourd'hui en vigueur [1].

Il avait fallu moins de quarante ans au Japon pour connaître l'évolution politique qui s'était étagée en Angleterre sur plusieurs siècles. Le pays avait adopté un à un tous les attributs extérieurs du parlementarisme britannique. Sur bien des points pourtant, l'analogie entre les deux régimes restait de pure façade. La Chambre des pairs demeurait une citadelle inexpugnable. Le Conseil Privé et la bureaucratie de la cour prétendaient parler au nom d'un empereur auquel la Constitution accordait un pouvoir quasi autocratique. Les militaires affirmaient jalousement leur autonomie à l'égard du pouvoir civil. Enfin, les aspirations démocratiques n'avaient guère eu le temps de s'enraciner dans la mentalité collective. De nombreux citoyens méprisaient l'affrontement sans pudeur des intérêts privés auquel donnaient lieu les campagnes

---

1. Ce scrutin majoritaire à un tour permet à chaque parti de présenter individuellement plusieurs candidats. Paradoxalement, il aboutit à des résultats assez voisins de ceux que donnerait un régime de représentation proportionnelle. (N.d.T.)

électorales et les débats parlementaires; beaucoup gardaient une secrète tendresse pour un idéal politique révolu et rêvaient d'une société stable et harmonieuse aux mains de quelques loyaux serviteurs de l'Etat. L'influence politique des trusts financiers et des milieux d'affaires suscitait la réprobation morale d'un peuple qui partageait encore les préventions de l'ère Tokugawa contre la classe marchande. L'opinion publique se représentait volontiers le *Seiyukai* comme un simple agent de Mitsui et le *Minseito* comme une émanation de Mitsubishi. Quelle que soit la part de l'exagération et de la simplification abusive, il reste significatif que les Japonais de l'entre-deux-guerres aient considéré la corruption comme un corollaire naturel du régime des partis.

Nouveaux problèmes, nouvelles mœurs.

Les débuts du régime des partis correspondent à l'apparition de problèmes nouveaux. Les deux décennies qui suivent la Première Guerre mondiale ne sont pour aucun pays industriel une période de totale félicité. Le Japon aura comme les autres son lot de difficultés. Après l'expansion vertigineuse provoquée par la guerre, la reconversion économique s'avère difficile. En août 1918, une inflation en spirale provoque dans tout le pays des émeutes de protestation contre le prix du riz; c'est la première fois depuis la révolte du clan Satsuma que l'ordre public se trouve aussi gravement troublé. A l'extérieur, le retour en force des Européens sur les marchés asiatiques engendre une sévère concurrence à laquelle beaucoup d'entreprises, artificiellement développées pendant la guerre, sont incapables de faire face. Alors commence une longue période de déflation que les ministères successifs abordent avec une maladresse qui ne le cède en rien à celle des gouvernements européens. Leur inexpérience entraîne un ralentissement de la production intérieure brute qui n'augmente que de 33,4% pendant les vingt premières années d'après-guerre. Ce chiffre qui, rapporté aux moyennes réalisées par les autres pays, fait figure de score honorable, représente à peine plus de la moitié de la croissance décennale moyenne du pays entre 1890 et 1940. La situation s'aggrave encore à la fin des années 20. Entre 1925 et 1931, le prix du riz (principale denrée alimentaire japonaise) et celui de la soie (principal produit d'exportation) accusent un fléchissement supérieur à 50 %. L'année 1927 est marquée par une impressionnante succession de faillites bancaires. La crise économique mondiale, née aux Etats-Unis en 1929, place l'archipel dans une situation d'autant plus délicate que l'ensemble de sa structure économique dépend étroitement du commerce extérieur. Pour conjurer les difficultés qui s'amoncellent, le gouvernement tente à deux reprises — en 1930 puis derechef en 1931 — de revenir à l'étalon-or, témoignant ainsi d'un sens politique pour le moins contestable.

Le Japon doit en outre faire face aux problèmes économiques liés à la naissance de ce que l'on appellera plus tard la « structure industrielle dualiste ». Il s'agit de la dichotomie qui oppose les industries modernes à haute productivité aux activités traditionnelles moins rentables : petit artisanat, agriculture, entreprises prestataires de services. Les campagnes japonaises qui concentrent la moitié de la population du pays, restent dominées par les activités de type traditionnel et font figure de laissés-pour-compte d'une croissance spécifiquement urbaine. Les ruraux acceptent mal cette régression relative qui sera à l'origine de quelques mouvements de protestation paysanne. En 1868, environ 30 % des terres étaient affermées. La création en 1873 d'un impôt fixe payable en espèces s'était répercutée sur les fermages dont le montant global en 1908 avait augmenté de 45 % par rapport à 1873. Pour préserver la paix sociale, le gouvernement avait dû prendre des mesures de freinage. Pourtant, les conditions économiques des années 20 aggravèrent la situation des fermiers à bail. La fin de la Première Guerre mondiale marqua une reprise des conflits entre propriétaires fonciers et tenanciers. Une première association de fermiers d'inspiration sociale-chrétienne fut fondée en 1922. La main-d'œuvre urbaine, partiellement affranchie de ses origines rurales, devint également plus combative. Le premier syndicat ouvrier avait été créé en 1912 par des militants chrétiens. A partir de 1918, les conflits du travail, les grèves et les organismes de défense professionnelle se multiplièrent. Au cours de la seule année 1919, plus de 300 000 travailleurs se trouvèrent engagés dans des conflits du travail. Avant même la fin des années 20, on dénombrait officiellement un nombre égal de syndiqués.

Les bouleversements politiques et militaires survenus en Europe eurent une incidence sur la vie sociale et le mouvement des idées. La fin de la Première Guerre mondiale consacra le triomphe des démocraties sur les Etats autoritaires. Comme les régimes démocratiques semblaient les seuls à avoir quelque avenir, les Japonais adoptèrent sans arrière-pensées le système des partis et le suffrage universel masculin. La libération des mœurs venue des pays occidentaux et le passage sans transition de la « surchauffe » économique de la période de guerre à la récession des années 20, provoquèrent en milieu urbain une mutation des comportements individuels et un relâchement des contraintes sociales. Le violent séisme et l'incendie survenus dans la plaine du Kanto le 1er septembre 1923, accélérèrent encore le rythme du changement social. Le cataclysme anéantit en effet la moitié de Tokyo et la plus grande partie de Yokohama. Coûtant la vie à 130 000 personnes, il effaça de nombreuses traditions, suscita un profond remodelage du paysage urbain et annonça l'apparition d'une société tournée vers l'avenir.

Le nouveau quartier d'affaires de Tokyo, avec ses larges artères et ses imposants immeubles d'acier et de béton armé, s'apparentait davantage aux métropoles européennes ou nord-américaines qu'aux villes asiatiques. Autour de la gare principale, le quartier Marunouchi, véritable symbole du Japon moderne, faisait la fierté de tout l'archipel. A l'instar de Tokyo, les autres villes s'équipèrent rapidement. Les immeubles administratifs aux audacieuses superstructures d'acier, les groupes scolaires en béton, les stades et les salles de cinéma à forte capacité d'accueil et les grandes gares de voyageurs devinrent des éléments familiers du tissu urbain japonais.

Les mœurs restaient marquées par l'emprise des liens familiaux, la toute-puissance de l'autorité paternelle et la domination masculine. Dans les villes cependant, les nouvelles générations commençaient à s'associer à la révolte mondiale de la jeunesse et à mettre en cause certaines habitudes consacrées par un passé immémorial. Les étudiants adoptaient les conceptions sociales occidentales, moins étouffantes que celles de leur pays, tandis qu'une fraction croissante de la jeunesse réclamait le droit de se marier par amour, sans l'entremise des familles. Les comportements occidentaux gagnaient les hommes des classes moyennes. Comme leurs femmes étaient de plus en plus nombreuses à occuper des emplois de bureaux, ils prirent l'habitude de les considérer en égales. Peu à peu, la femme japonaise s'affranchissait du statut traditionnel qui la confinait dans les tâches domestiques.

La culture de masse de type occidental commence à pénétrer la vie sociale japonaise. Comme aux Etats-Unis, le symbole des années 20 est la jeune fille sophistiquée que les Japonais désignent du terme de *moga* *, vocable forgé par contraction des mots anglais « modern girl ». Les films, pour la plupart américains ou tournés au Japon dans le plus pur style hollywoodien, connaissent une vogue extraordinaire. Parmi les distractions à la mode, le jazz américain et les danses européennes font fureur. Les écoles de danse se multiplient et les revues de « girls » se partagent avec le cinéma la faveur du grand public. Des restaurants chinois et occidentaux surgissent un peu partout. Les bars et les « boîtes de nuit » poussent comme des champignons; une jeunesse affranchie des contraintes sociales vient y écouter la musique trépidante distillée par les gramophones et s'y détendre en compagnie de charmantes serveuses à la morale souvent équivoque.

Les Japonais adoptent avec enthousiasme les sports occidentaux. Outre le base-ball et le tennis qui ont toujours été fort populaires, l'athlétisme suscite l'intérêt passionné des foules. Dans les années 1930, le Japon se préoccupe de faire bonne figure aux Jeux olympiques où il pulvérisera les records mondiaux de natation. La pratique du golf se répand dans les milieux aisés tandis que les classes moyennes commencent à s'adonner au ski. Le base-ball reste néanmoins le sport national par excellence; les matches inter-universitaires attirent autant d'affluence que les grandes rencontres de football ou de base-ball aux Etats-Unis.

Des milliers de livres sortent chaque année des imprimeries japonaises. Chacun peut se procurer en édition bon marché les principaux monuments de la littérature mondiale. Les grands quotidiens de Tokyo et d'Osaka tirent à plusieurs millions d'exemplaires. Dans tous les milieux sociaux les jeunes gens sont de plus en plus nombreux à accéder à l'enseignement universitaire et l'éducation supérieure féminine fait une timide percée. Le goût très prononcé pour la musique occidentale se traduit par la création de nombreux orchestres symphoniques et par un afflux de mélomanes avertis dans les salles de concert chaque fois que des musiciens étrangers viennent s'y produire. En épousant spontanément les goûts et les comportements des Occidentaux, les citadins contribuent à creuser un peu plus le fossé qui les sépare des ruraux. Ces derniers, préservés des remous d'un âge de rapides mutations, conservent parfois une mentalité anachronique.

La révolution soviétique stimule l'intérêt pour les idées marxistes. Certes, la gauche japonaise possède déjà une assise doctrinale et des traditions de lutte. Dès 1901, des chrétiens et des universitaires avaient jeté les bases d'un parti socialiste bientôt frappé d'interdiction. En 1911, un anarchiste célèbre avait payé de la peine capitale un prétendu complot dirigé contre la personne de l'empereur. Mais à partir de la fin de la guerre, les mouvements de gauche étendent leur audience. Des groupes d'étudiants aux idées avancées se constituent; les grandes universités de Tokyo, Kyoto et Waseda deviennent de véritables pépinières politiques qui fourniront les principaux militants de gauche des quelques décennies à venir. Un parti communiste se constitue en 1922 et réussit, en dépit d'incessantes tracasseries policières, à pénétrer assez largement le mouvement syndical. La réforme électorale de 1925, en accordant le droit de vote à la classe ouvrière et aux masses paysannes, prélude à l'apparition de partis de gauche reconnus par la loi. Comme partout dans le monde, ils ont tendance à se diviser sur des positions idéologiques et ne parviennent à regrouper qu'une poignée d'intellectuels. La grosse masse des fermiers et de la main-d'œuvre urbaine reste politiquement apathique. Les partis « prolétariens » emportent néanmoins huit sièges aux élections générales de 1928, les premières qui aient eu lieu au suffrage universel masculin.

A moyen terme, l'avenir était assombri par le sentiment d'aliénation croissant des intellectuels dont s'était faite l'écho la littérature des vingt années précédentes. Les hommes politiques n'avaient su proposer aucune théorie du pouvoir véritablement adaptée à l'évolution de leur pays vers la démocratie parlementaire. Leur absence de familiarité avec les doctrines politiques, jointe à la persistance du vieux mythe de la « prérogative impériale », les empêchait d'imaginer une explication originale du système politique. Seul un professeur de droit constitutionnel de l'université de Tokyo, Minobe, proposa une tortueuse justification de la suprématie parlementaire, inspirée du droit germanique. Sa « théorie des organes », qui présentait l'empereur comme un simple « organe » de l'Etat, n'eut qu'un écho limité. Les intellectuels se sentaient de plus en plus étrangers à la société et à la vie politique japonaises. Beaucoup, poussés peut-être par un idéalisme qu'ils avaient hérité de la vieille philosophie confucéenne et d'une éducation s'inspirant des valeurs germaniques, furent gagnés aux idées marxistes.

Le bilan des années 20 est donc celui d'une période d'instabilité économique, sociale et intellectuelle. Les militants des nouveaux partis politiques semblaient avoir borné leurs ambitions à arracher le pouvoir à l'oligarchie et à la bureaucratie traditionnelle, sans se préoccuper des problèmes nouveaux auxquels le pays se trouvait confronté. Comme jadis les leaders politiques britanniques et américains, ils étaient lents à prendre conscience des données de la société industrielle moderne. Une timide ébauche de législation sociale, concernant principalement le travail, avait été tentée au tournant du siècle et poursuivie sans vigueur au cours des années 20. Pour se prémunir des « pensées dangereuses », les dirigeants japonais eurent l'idée, très révélatrice, de faire adopter par le Parlement une « loi sur la protection de la paix civile »; elle punissait comme un délit le seul fait de proposer un changement du système politique en vigueur ou de préconiser l'abolition de la propriété privée. Par une ironie de l'histoire, cette loi répressive fut votée en 1925, l'année même de l'adoption du suffrage universel masculin.

L'indice le plus inquiétant du malaise des années 20 fut la disparition progressive de l'unité morale du pays et des grands projets nationaux. Les objectifs que s'étaient assignés les dirigeants de Meiji — sécurité et égalité avec l'Occident — avaient été pleinement atteints. Après l'effacement de la génération des « pères-fondateurs », l'idée nationale avait perdu de son rayonnement. Yamagata s'était éteint en 1922 et Matsukata, le dernier des « anciens hommes d'Etat » à avoir connu la Restauration, avait à son tour disparu en 1924. Saionji restait le seul vétéran du groupe originel. Le pouvoir échut à une nouvelle élite; de contours plus incertains que l'ancienne oligarchie, elle était animée par des convictions et des ambitions plus contrastées. La nouvelle équipe dirigeante comprenait à la fois les chefs des partis politiques, souvent issus de l'administration, les grands banquiers, les grands industriels, les hauts fonctionnaires et les officiers de l'armée et de la marine; face à elle, le grand public dont dépendait l'issue des élections, était traversé lui-même par les courants les plus divers. Entre ces deux groupes, s'était instauré un équilibre politique précaire, mais leurs visions du monde et leurs conceptions de l'avenir du Japon demeuraient fréquemment antagonistes. Ni chez les dirigeants, ni chez les masses populaires, n'existait de véritable consensus autour de valeurs ou d'aspirations communes.

Une politique extérieure conciliante.

Comme dans les dernières années du shogunat des Tokugawa, les divisions les plus profondes surgissaient à propos de la politique étrangère. C'était un domaine peu controversé aux premiers temps de la Restauration. On avait vu la Diète, pourtant résolument hostile à l'augmentation des crédits militaires, apporter un soutien enthousiaste au gouvernement lors des deux guerres sino-japonaise et russo-japonaise. L'opinion avait toujours été unanime à appuyer l'expansion coloniale et son chauvinisme savait à l'occasion s'exprimer par la force. En 1905, les habitants de Tokyo, humiliés de constater que le traité de Portsmouth n'exigeait de la Russie aucune indemnité en faveur du Japon, avaient organisé une émeute marquée par de violents affrontements avec la police. En 1915, Kato avait profité de son passage au ministère des Affaires étrangères pour adresser à la Chine les *21 demandes*.

A partir des années 20, les dirigeants japonais se trouvèrent en présence d'un choix politique. Deux voies opposées étaient ouvertes au pays. Il pouvait consolider sa puissance militaire et étendre ses possessions coloniales en poursuivant la politique qui s'était révélée si fructueuse jusqu'au premier conflit mondial. Il pouvait aussi rechercher une entente amicale avec les autres pays. Cette seconde orientation était celle de nombreux Etats occidentaux depuis la fin de la guerre. L'économie nippone restait en outre étroitement tributaire du monde extérieur. Pour pouvoir financer leurs énormes importations de matières premières industrielles, les Japonais devaient absolument s'implanter sur les marchés étrangers. Or la conquête de débouchés extérieurs n'avait que deux modalités possibles : l'annexion coloniale dans la tradition du XIXe siècle et la coopération internationale amiable désormais à l'ordre du jour. Ces deux méthodes semblaient exclusives l'une de l'autre et il était difficile d'imaginer une tierce solution.

Finalement, ce fut la question chinoise qui détermina l'orientation de la politique étrangère nippone. Dans les années 20, le Japon était mieux placé que quiconque pour tirer avantage de la faiblesse de la Chine. Ce dernier pays évoluait rapidement. Les Chinois s'éveillaient au sentiment national et entreprenaient de boycotter les marchands étrangers, stigmatisés comme des agents de l'impérialisme des puissances. Une intervention militaire japonaise semblait exclue; son coût aurait été deux fois supérieur à la perte du marché chinois et aurait lourdement grevé le budget militaire. Il était en outre hasardeux de se mesurer à un continent secoué périodiquement par de violents sursauts xénophobes. Vers le milieu des années 20, les nationalistes groupés autour de Tchang Kaï-chek reconstituaient l'unité du pays tandis que le gouvernement chinois, en équipant la Mandchourie en voies ferrées, menaçait de compromettre les intérêts nippons dans cette région.

Dans l'ensemble, les gouvernements japonais d'après-guerre préférèrent l'expansion commerciale aux conquêtes militaires. Avec l'appui de l'opinion publique, les hommes politiques et les hommes d'affaires parvinrent à imposer à l'armée et à la bureaucratie leur idéal de pénétration pacifique.

A l'issue de la Première Guerre mondiale, le Japon s'était vu confier le contrôle des anciennes possessions allemandes du Chan-toung — en particulier Tsing-tao — et l'organisation d'un corps expéditionnaire de 72 000 hommes en Sibérie orientale. Ce détachement avait fourni l'essentiel des forces d'intervention nippo-américaines envoyées en juillet 1918 pour soutenir les armées blanches qui continuaient à se battre contre l'Allemagne. Les militaires japonais espéraient bien tirer profit de cette situation. Hara obtint un rapide rapatriement des armées japonaises de Sibérie. Il donna aussi son assentiment à la convocation d'une conférence internationale sur le désarmement naval et les problèmes de la zone du Pacifique.

A la conférence de Washington, au cours de l'hiver 1921-1922, le Japon signa un accord séparé avec la Chine par lequel il consentait à évacuer Tsing-tao et renonçait à la plupart de ses droits sur le Chan-toung. Dans la négociation générale, il se rallia à une définition américaine qui présentait la « porte ouverte » comme l'égalité des chances commerciales de tous les pays sur le marché chinois. Le Japon s'engagea en outre à garantir « l'intégrité territoriale » de la Chine, ce qui ne pouvait être dans le climat de l'époque, qu'une simple clause de style. Il accepta surtout un quota qui réduisait sa flotte de cuirassés aux 3/5 de celles des Etats-Unis et de la Grande-Bretagne. Ces deux derniers pays promettaient en échange de maintenir le statu quo dans toute la région qui s'étend entre Pearl Harbor et Singapour. Le traité naval de Washington consacrait l'infériorité du Japon par rapport aux pays anglosaxons, mais il laissait intacte sa suprématie dans la zone Pacifique.

Le Japon chercha à consolider son influence en Mandchourie et dans les régions voisines. En 1928, le général Tanaka, alors Premier ministre, envoya dans le Chantoung une armée chargée d'enrayer la progression des nationalistes vers le Nord. Hormis cet épisode, la politique étrangère japonaise recourut aux méthodes pacifiques et préféra la conciliation à la force. Shidehara, ministre des Affaires étrangères dans les cabinets *Kenseikai-Minseito* de 1924-1927 et de 1929-1931, opta pour une politique de compromis avec les nationalistes chinois et de coopération avec les Etats-Unis. Entre 1919 et 1926, le budget militaire fut réduit de plus de la moitié et quatre divisions de l'armée permanente furent supprimées.

Dans l'ensemble, les années 20 avaient été pour le Japon une période troublée. Par des voies originales, les dirigeants avaient réussi à acclimater dans l'archipel les formes extérieures du parlementarisme britannique. Cette analogie, toute de façade, était en passe de s'étendre à la nature profonde du régime. A mesure que la démocratie progressait à l'intérieur du pays, les responsables de la politique extérieure semblaient renoncer à leur rêve d'hégémonie.

10

Le militarisme et la guerre

Les années 20 laissent l'image d'une ère de libéralisme à laquelle les Japonais ont donné le nom de « démocratie de Taisho ». Avec les années 30 débute une nouvelle période d'absolutisme politique et d'expansion militaire. Les raisons de ce revirement échappent partiellement à l'historien qui ne peut que proposer quelques hypothèses d'explication et replacer l'évolution japonaise dans son contexte mondial. Le glissement du Japon vers le totalitarisme survient au moment où deux grands pays d'Europe occidentale deviennent des Etats autoritaires : l'arrivée au pouvoir des militaires japonais est légèrement postérieure à la victoire des fascistes italiens et elle coïncide approximativement avec la montée de l'hitlérisme en Allemagne. Le synchronisme de ces trois évolutions trahit une certaine parenté d'inspiration.

Nature et sources du nationalisme japonais.

Les tendances autoritaires et militaristes ne sont pas neuves au Japon. Elles remontent à l'ancien régime où l'idéal militaire de soumission aux ordres reçus ne laissait guère de place aux manifestations d'individualisme. Après 1868, le processus de modernisation, conçu comme une réponse à un défi militaire de l'Occident, avait été orchestré par l'état-major et l'amirauté. Sans doute la fin de la

Première Guerre mondiale avait-elle entraîné une libéralisation du régime et imprimé une orientation plus pacifique à la politique étrangère. Pourtant, bien des Japonais demeuraient partisans des méthodes autoritaires. Le vieil idéal confucéen d'une harmonie sociale s'imposant à tous avait plus d'audience que l'individualisme occidental et que l'institutionnalisation des conflits d'intérêt au sein d'un parlement pluraliste. Les dirigeants restaient attachés à la notion de hiérarchie et à une conception très élitiste du pouvoir. Nul ne songeait à critiquer l'institution militaire; la masse des citoyens se sentait gagnée par un sentiment de fierté nationaliste en évoquant les conquêtes de l'armée nippone.

Depuis les années 20, le Japon fait figure de nation profondément divisée : divisions économiques liées au « dualisme [1] », différences de mentalités et de modes de vie entre citadins et ruraux, querelle des anciens et des modernes sur l'effort de rénovation, clivages résultant de la diversité des niveaux d'éducation et de culture. Les aspirations libérales émanent principalement des milieux cultivés des villes; les campagnes, où l'école élémentaire demeure le seul agent de transformation, donnent l'impression de vivre à un autre rythme.

Les paysans et les ruraux, qui représentent encore la majorité de la population japonaise, considèrent la métamorphose des villes avec un étonnement mêlé de désapprobation. Les éléments conservateurs, chaque jour plus nombreux, s'irritent des excentricités des *moga* * et imputent les idées libérales ou radicales aux vaticinations d'une poignée d'intellectuels décadents. Nombreux sont les officiers de l'armée et de la marine, les petits propriétaires ruraux, les petits fonctionnaires et les membres des classes moyennes, qui jugent inadmissible la remise en cause des anciennes relations d'autorité. Ces catégories appartiennent

---

1. Cf. *supra*, chapitre 9, p. 199.

aux générations d'après Meiji et ont été formées par le nouveau système éducatif; l'école leur a inculqué une ferveur nationaliste et militariste qui n'a plus cours à l'étranger. Peu informées de l'évolution récente des autres pays, elles s'accommoderaient parfaitement d'un gouvernement autoritaire et d'un programme d'expansion impérialiste proche de celui de Meiji. Les hommes politiques libéraux de l'après-guerre leur apparaissent comme d'avides défenseurs d'intérêts mercantiles et égoïstes; le coup d'arrêt apporté au développement des forces armées et de la colonisation est accueilli comme une trahison. L'idéal d'expansion militaire rapproche ainsi les classes moyennes des anciens dirigeants de Meiji. Mais l'endoctrinement dispensé par l'école primaire semble avoir privé le citoyen moyen du pragmatisme et du sens de l'opportunité dont les hommes de Meiji avaient su faire preuve.

Dès les premières années de la Restauration, on peut déceler les signes avant-coureurs de ce que l'on appellera plus tard « l'ultra-nationalisme ». Certains sont difficilement dissociables des réflexes nationalistes élémentaires auxquels l'homme de la rue cède volontiers. La campagne de protestation menée contre le gouvernement par les samouraï des régions périphériques et la rébellion nobiliaire des années 1870 sont les manifestations spontanées d'un courant qui va s'institutionnaliser dans le parti pour la liberté et les droits du peuple : le *Jiyu-minken-undo* [1]. Ce courant ultra-nationaliste se sépare peu à peu du courant libéral dont il avait été d'abord solidaire. Dans un premier temps, il apporte son soutien à tous les mouvements révolutionnaires qui dénoncent dans les autres pays asiatiques la domination occidentale. Dans un second temps, il se fait le champion d'une expansion coloniale présentée comme l'antidote de l'emprise européenne en Asie. Les

1. Cf. *supra*, chapitre 9, p. 185.

visées impérialistes se dissimulent derrière les thèmes panasiatiques.

Ce mouvement ultra-nationaliste est animé par des activistes des provinces les plus occidentales de l'archipel, que la proximité du continent a sensibilisés aux problèmes des autres pays asiatiques. En 1881, est fondée à Fukuoka, au nord de Kyushu, la société patriotique du *Genyosha* qui deviendra en 1901 le *Kokuryukai*. Les Occidentaux, pour frapper l'imagination, traduisent ce nom par « Société du Dragon noir ». En réalité, l'expression, dérivée d'un mot chinois désignant le fleuve Amour [1], suggère que les frontières naturelles du Japon se situent au nord de la Mandchourie.

Après la Première Guerre mondiale, les groupes de pression impérialistes prennent une influence grandissante dans la vie politique japonaise. De hauts fonctionnaires d'esprit réactionnaire fondent des « sociétés patriotiques » qui s'adressent à une élite intellectuelle; parallèlement, des militants travaillent les masses populaires. Les chantres de l'ultra-nationalisme renouent avec les traditions autoritaires et agrariennes du passé. Comme les hommes de la Restauration, ils invoquent l'autorité sacrée de l'empereur et se présentent comme les défenseurs de « l'archétype national » *(kokutai *)* et les interprètes de la « volonté impériale ». Ces deux expressions, que l'on avait toujours utilisées, vont désormais connaître une grande faveur. Les milieux ultra-nationalistes empruntent certains éléments de leur doctrine aux théories socialistes occidentales, au fascisme italien et au national-socialisme allemand. L'audience grandissante de ces deux derniers régimes semble prouver que la démocratie libérale n'est peut-être pas un mode de

1. Il faudrait donc traduire par « Société du fleuve Amour ». L'ambiguïté vient de ce que le chinois utilise le même idéogramme pour désigner le *fleuve Amour* et l'expression *Dragon noir*. (N.d.T.)

gouvernement appelé à un aussi grand avenir qu'on l'avait imaginé.

Le mouvement ultra-nationaliste se veut fondamentalement antioccidental. Les Japonais ont conscience que leur pays, en dépit de son statut de grande puissance, n'a pas encore accédé à l'égalité absolue avec l'Occident. Américains et Européens imaginent difficilement qu'une nation de race jaune puisse être un partenaire comme un autre. En 1919, à la Conférence de la paix de Versailles la délégation japonaise avait demandé qu'on adoptât une clause garantissant « l'égalité raciale entre nations »; les Etats-Unis et la Grande-Bretagne avaient opposé une fin de non-recevoir. Ce refus est à rapprocher des législations américaine, canadienne et australienne, restreignant l'immigration asiatique. L'ensemble du monde occidental éprouve depuis plusieurs décennies la hantise du péril jaune. Les Etats-Unis invoquent des critères raciaux pour refuser la nationalité américaine aux Asiatiques. En Californie et dans plusieurs Etats de l'Ouest, sévit la ségrégation scolaire; les populations refusent de vendre des terres aux ressortissants de pays d'Extrême-Orient. Pour mettre un terme à ce climat de tension, le Japon et les Etats-Unis ont signé dès 1908 un « Gentlemen's Agreement » qui tarit l'essentiel de l'immigration japonaise. Cet accord n'est pas jugé suffisant par le Congrès américain qui adopte en 1924 une « loi d'exclusion » interdisant aux Japonais de se faire naturaliser américains. Les Japonais accueillent la mesure comme un affront gratuit et en ressentent une très profonde humiliation. Certains faits, qui auraient davantage leur place dans une histoire des Etats-Unis que dans l'histoire japonaise, méritent d'être mentionnés ici. On notera par exemple que le racisme à l'égard des Asiatiques atteint son paroxysme au début de la Seconde Guerre mondiale; les Japonais de la côte Ouest y compris ceux qui sont nés aux Etats-Unis et qui manifestent un indéfectible loyalisme à l'égard du régime, sont systématiquement expropriés pour être parqués par familles entières dans des camps de concentration. Les vieillards eux-mêmes n'échappent pas à ce traitement inhumain.

Au Japon, le courant ultra-nationaliste reste circonscrit à des milieux numériquement restreints. Jamais il ne revêtira l'importance de ceux de l'Italie et de l'Allemagne. Mais il canalise et orchestre un vaste mouvement d'opinion qui ne s'était jusqu'alors exprimé que de façon diffuse. Cette réaction antilibérale doit être rangée au nombre des séquelles de la crise économique; elle résulte aussi du malaise provoqué par la rupture des anciens cadres sociaux et par la désagrégation progressive de l'unité morale du pays. L'aliénation des intellectuels, la condition des ouvriers des villes, la paupérisation des artisans et des petits entrepreneurs atteints par la concurrence des grandes firmes, la situation désespérée de nombreux paysans victimes de la chute des prix agricoles, créent à la fin des années 20 une vague de mécontentement général. Ces différents groupes sociaux dénoncent la domination économique des trusts et leur influence sur les partis politiques. C'est à cette époque que le mot *zaibatsu* * prend une connotation péjorative. La désillusion gagne tous ceux qui ont partagé un moment les rêves d'avenir de l'ère Meiji. Aux promesses succède une réalité sordide, marquée par les affrontements de capitalistes avides ou de politiciens corrompus et par les excentricités d'une jeunesse désaxée. A beaucoup de Japonais, le capitalisme industriel, le parlementarisme et la société urbaine paraissent d'autant plus suspects qu'ils évoquent le monde occidental. Comme d'autres pays en d'autres temps, le Japon se penche avec nostalgie sur son passé et espère trouver dans de vieilles recettes une réponse aux problèmes déconcertants d'un âge angoissé.

Tout naturellement, la réaction politique et sociale s'appuie sur la classe militaire. On se souvient que, grâce à

Yamagata, les officiers ont toujours réussi à préserver leur autonomie au sein des gouvernements successifs. Ils disposent d'une liberté d'action étendue. L'armée est associée, dans les esprits, aux grandes réalisations de l'ère Meiji; elle est auréolée du prestige des vieilles traditions aristocratiques. Les Japonais se représentent leurs officiers comme des hommes hors du commun, investis d'une sorte de sacerdoce au service de l'Etat. Ils jugent les dignitaires de l'armée plus honnêtes, plus sûrs ou, selon leur propre expression, plus « sincères » que les industriels ou les politiciens trop préoccupés de leurs intérêts égoïstes. Les chefs militaires se reconnaissent volontiers dans cette image flatteuse. Placés dès le plus jeune âge dans des écoles de cadets qui les isolent du monde extérieur, ils sont élevés dans les grandes traditions militaires. Soumis à une éducation nationaliste qui confine à l'endoctrinement, ils tiennent rigueur aux hommes politiques de les avoir jadis spoliés de leurs biens et de leurs revenus. En matière de relations internationales, ils se résignent mal à être relégués dans un rôle secondaire qui les place après les marchands. Enfin, ils accusent les hommes de Meiji d'avoir brisé les ressorts moraux de la nation sans lesquels la force militaire d'un pays n'est jamais qu'une illusion. Leur attachement aux valeurs traditionnelles et leur relative autonomie au sein du gouvernement, semblent prédestiner les officiers à prendre une part privilégiée à la politique de réaction.

Les militaires bénéficient d'ailleurs du soutien tacite de la masse paysanne. Le menu peuple des campagnes, préservé des transformations qui ont affecté la vie citadine, constitue un véritable conservatoire d'attitudes et de comportements hérités de l'ancienne société communautaire. Sans doute, les partis politiques qui dominent le jeu parlementaire s'appuient-ils largement sur la paysannerie aisée. Dans l'ensemble cependant, la société rurale s'est révélée sensiblement plus réfractaire au changement que le reste du Japon. Elle perpétue certains traits qui n'ont guère varié depuis l'ère Meiji, parfois même depuis la période Tokugawa. Il existe en outre une incontestable affinité entre la paysannerie et les milieux militaires. L'école a réussi à faire partager à tous les ruraux le nationalisme qui animait les milieux dirigeants de la fin de l'ère Tokugawa. Le plus surprenant est bien que la paysannerie à laquelle la caste militaire a dénié pendant trois siècles le droit de porter les armes, se laisse aisément convaincre qu'elle incarne désormais le Japon guerrier. Fournissant l'essentiel des contingents de conscrits, les paysans ont le sentiment d'apprendre autant à la caserne qu'à l'école primaire. Ces deux institutions leur insufflent les vertus militaires et leur proposent l'idéal d'une mort glorieuse au service de l'empereur. Pour beaucoup de ruraux, la période du service militaire constitue la seule rupture avec les tâches monotones de la vie des champs. A leur libération, les anciens conscrits forment des associations de réservistes destinées à perpétuer les souvenirs communs et à entretenir le patriotisme.

Les officiers de l'armée et de la marine ne sont donc pas cette classe de junkers coupée du menu peuple qu'ont connue certains pays. Leur recrutement ne se limite plus exclusivement à l'ancienne classe samouraï. A partir des années 20, les officiers, comme tous les membres de l'élite japonaise, sont issus du nouveau système éducatif et non d'une classe sociale déterminée. Eu égard aux techniques qu'elles emploient, l'armée et la marine comptent parmi les institutions les plus modernes du Japon. Néanmoins, l'amirauté et l'état-major conservent une mentalité plus proche de celle des paysans que de celle des élites civiles. Nourrissant de solides préventions à l'égard des politiciens, des hommes d'affaires et des modes de vie des citadins, ils considèrent les ruraux comme la masse de manœuvre indispensable à la puissance militaire du pays.

Ils manifestent une sollicitude intéressée pour les paysans atteints dans leur chair par la récession économique de la fin des années 20. Communauté d'aspirations, affinités politiques, solidarité d'intérêts sont autant d'éléments qui resserrent les liens entre le monde rural et la classe militaire.

La réaction militariste et ultra-nationaliste qui atteint le Japon dans les années 30 véhicule une idéologie volontiers passéiste. Plutôt que de chercher des solutions rationnelles et inédites aux problèmes de la civilisation industrielle, les nationalistes rêvent d'une société agraire, simple et harmonieusement régie par des rapports d'autorité. Ces nostalgies sont en réalité le fruit d'espoirs déçus. Nul doute que ce mirage primitiviste eût paru moins séduisant si les gouvernements parlementaires des années 20 avaient su faire face aux nouveaux problèmes économiques et sociaux ou si une philosophie de la démocratie avait étayé les balbutiements du régime parlementaire. On a souvent affirmé que les partis politiques ont été les artisans de leur propre déclin en ignorant les aspirations des forces de gauche et des masses populaires nouvellement investies du droit de vote. Il s'agit, à notre avis, d'une hypothèse contestable. En effet, la conscience politique des fermiers et des ouvriers restait fort embryonnaire; en outre, les partis politiques ont continué à gagner les différentes consultations électorales des années 30; mais l'issue des élections avait cessé d'être l'enjeu fondamental. L'observateur demeure stupéfait du faible crédit que les Japonais de cette époque portent à la démocratie et du peu d'attachement qu'ils lui manifestent. Un gouvernement de type autoritaire, pourvu qu'il soit honnête et bon gestionnaire, n'éveille en eux aucune défiance. Beaucoup envient la sécurité que procurait une vie sociale gouvernée par les traditions. Ils regrettent l'harmonie d'une société communautaire fondée sur le consensus de tous et espèrent la reconstituer, même si elle semble peu compatible avec les exigences du pluralisme politique.

Ce système de valeurs n'explique pas seul la montée du militarisme. L'armée n'aurait jamais imposé son pouvoir si elle n'avait proposé une solution apparemment satisfaisante aux graves problèmes économiques et internationaux du Japon vers la fin des années 20. La population de l'archipel atteint 60 millions d'habitants en 1925 et augmente par la suite d'un million chaque année. Les Japonais dépendent de plus en plus étroitement des pays étrangers : dépendance vers l'amont dans la mesure où la plupart des produits alimentaires et des matières premières doivent être importés; dépendance vers l'aval aussi dans la mesure où seuls les débouchés étrangers permettent de dégager un excédent de devises pour financer les importations. Or les possessions coloniales des Européens en Asie et en Afrique n'offrent que de médiocres débouchés aux exportations japonaises et la dépression mondiale engendre un retour en force du protectionnisme qui verrouille les autres marchés. Quant au problème démographique, il ne peut plus être résolu par l'émigration depuis que les pays disposant de terres vierges comme les Etats-Unis, le Canada ou l'Australie, ont fermé leurs frontières aux ressortissants nippons.

Certains estiment que dans un tel contexte, il est illusoire et dangereux que le Japon attende son salut de la bonne volonté internationale et du libre-échange. Si une solution de ce type semble pouvoir convenir à de grands pays continentaux comme les Etats-Unis et l'Union soviétique ou à de vastes empires coloniaux comme ceux de la Grande-Bretagne et de la France, elle est inapplicable à un pays aussi petit et aussi surpeuplé que le Japon. A la différence des grandes puissances, le Japon ne trouve à l'intérieur de ses propres frontières ni les ressources nécessaires à son économie, ni un marché intérieur capable d'en absorber les produits. Pour survivre à la crise mondiale et conserver son rang il lui faut un Empire plus vaste. La Chine voisine, et plus spécialement la riche province septentrionale de Mandchourie déjà partiellement sous contrôle nippon, s'impose comme le centre de gravité potentiel du futur Empire. Rétrospectivement, l'histoire montre que les Japonais qui ont défendu cette politique d'expansion ont commis une double erreur d'appréciation à la fois économique et stratégique. Le commerce extérieur et l'économie du Japon opèrent en effet un brillant redressement au cours des années 30, et l'Empire colonial paraît, avec le recul du temps, avoir plutôt constitué un handicap qu'un atout. Mais à l'époque, l'idée de conquête jouit de la faveur générale. Une fois encore, le sort de l'archipel va se jouer à propos d'une question de politique étrangère.

L'historien qui s'attache à percer les éléments déterminants d'une situation éprouve souvent des difficultés à distinguer les causes des effets. Ainsi constate-t-il qu'au Japon le revirement de l'opinion publique vers une idéologie passéiste ne survient qu'après les premières agressions contre l'étranger et après l'arrivée au pouvoir d'un gouvernement autoritaire. L'idéologie nationaliste a donc fourni, a posteriori, une justification aux transformations politiques opérées à l'instigation de l'armée. Elle n'a pas été par elle-même un agent de métamorphose. Ouverts aux influences de leur époque, les militaires n'ont pas attendu que la pression des événements impose un ordre politique et social conforme à leurs conceptions. Ils ont entrepris de transformer autoritairement les structures politiques et militaires du pays. Ces premières initiatives, en leur assurant l'adhésion d'une opinion publique qu'ils avaient eux-mêmes contribué à façonner, leur ont permis d'aller plus loin dans l'application de leur politique. Entre la masse des citoyens et l'élite dirigeante, une connivence semblait s'établir. La politique des nationalistes sécrétait des attitudes collectives propices au renforcement de leur emprise. Ce mécanisme d'interaction allait précipiter le processus d'évolution régressive.

Le grignotage de la Mandchourie.

Le climat politique se transforme aux alentours de 1930. En juin 1928, des sous-officiers de l'armée du Kantoung — la force militaire japonaise de Mandchourie — font sauter le train qui transporte Tchang Tso-lin. Ce dernier, gouverneur de la Mandchourie favorable aux intérêts japonais, était taxé depuis quelque temps d'incompétence et de manque de coopération par les jeunes officiers cantonnés en Chine. L'empereur Showa, qui vient d'accéder au trône à la fin de 1926 [1], se montre scandalisé de cet attentat et invite son Premier ministre, le général Tanaka, à sanctionner les coupables. Les militaires refusent de se soumettre à Tanaka; ils affirment qu'en infligeant une punition aux sous-officiers, le ministère cherche à ternir le prestige de l'armée. Invoquant la Constitution qui confie à l'empereur l'exercice du pouvoir disciplinaire à l'égard des militaires, ils accusent Tanaka de s'immiscer dans des affaires qui excèdent sa compétence.

Cet incident apparaît triplement révélateur. Tout d'abord, c'est la première fois à l'époque contemporaine, qu'un empereur ose intervenir personnellement dans une affaire politique; or son intervention se solde par un échec. Par ailleurs, l'armée a tenu tête au gouvernement civil pourtant dirigé par un des siens. En second lieu, il est inté-

---

1. Toujours régnant, l'empereur Showa (Hiro-Hito) a exercé les fonctions de régent pendant les cinq années précédant son investiture. Il a achevé son apprentissage politique en pleine ère libérale et complété sa formation par un bref séjour en Angleterre. (N.d.T.)

ressant de noter que les instigateurs de la crise ont été
« couverts » par leurs supérieurs; cette attitude est
conforme à une tradition militaire japonaise qui veut que
l'on accorde aux hommes qui opèrent sur le terrain des
pouvoirs quasiment discrétionnaires. L'affaire mandchoue
traduit enfin une profonde évolution des réactions collectives de l'armée et de la nation tout entière.

Ce changement d'attitude transparaît de nouveau lors de
la Conférence navale qui est convoquée à Londres en 1930
afin de compléter les accords de Washington de 1922 [1]. Le
gouvernement japonais accepte d'étendre aux gros croiseurs
le quota 5-5-3 (on disait à l'époque 10-10-6, soit 10 pour
les Etats-Unis, 10 pour la Grande-Bretagne et 6 pour le
Japon); il consent en outre à limiter sa flotte de croiseurs
légers à 70 % du tonnage américain ou britannique. L'amirauté, qui aurait souhaité que ce dernier pourcentage fût
appliqué également aux gros croiseurs, engage une violente
campagne contre le traité de Londres. Elle bénéficie du
soutien du *Seiyukai*, trop heureux de trouver un terrain
qui lui permette d'attaquer le gouvernement *Minseito*. Le
Cabinet semble finalement l'emporter. Mais, abusé par
une victoire à la Pyrrhus, il se heurte bientôt à une vive
réaction populaire. Quant aux amiraux, ils manifestent leur
volonté d'indépendance en adoptant une attitude intransi-
geante au sein du gouvernement.

Le tournant décisif se situe en 1931, lorsque se produit
un second incident mandchou beaucoup plus grave que
celui de 1928. Au cours de la nuit du 18 septembre 1931,
des officiers japonais sabotent un tronçon du chemin de
fer sud-mandchourien, en rejettent la responsabilité sur
les Chinois et entreprennent la conquête militaire de toute
la Mandchourie. De toute évidence, ce coup de force n'a
pu être réalisé qu'avec la connivence de certains membres

1. Cf. *supra*, p. 207.

de l'état-major de Tokyo et le consentement tacite de l'ensemble de l'armée. L'empereur et le gouvernement civil tentent vainement de conserver le contrôle de l' « affaire ». La marine, impatiente de s'illustrer à son tour, suscite un nouvel incident à Changhaï dans les derniers jours de janvier 1932. Mais les fusiliers marins chargés de l'opération de débarquement se trouvent bientôt en mauvaise posture. Trois divisions doivent être envoyées à leur secours. Pendant ce temps, l'armée entreprend de transformer la Mandchourie en un Etat satellite indépendant de la Chine. Ainsi naît en septembre 1932 le royaume du Mandchoukouo dont le souverain fantoche est Pou-Yi, ex-empereur de Chine, détrôné en 1912.

Dès janvier 1932, les Etats-Unis refusent de reconnaître les conquêtes japonaises; ils conserveront cette position jusqu'à la Seconde Guerre mondiale. La Société des Nations envoie en Mandchourie une commission d'enquête dont le rapport condamne l'intervention japonaise. Lorsque l'assemblée de Genève adopte le rapport en mars 1933, le Japon se retire de la SDN. Son départ devait précipiter le déclin de l'organisation. Aucunement ébranlée par la réprobation unanime des pays étrangers, l'armée japonaise provoque en 1933 et 1934 une série de nouvelles interventions plus limitées qui lui permettent néanmoins d'établir son autorité sur la partie orientale de la Mongolie intérieure [1] et sur les régions de la Chine septentrionale voisines de Pékin.

Au Japon, l'incident de Mandchourie crée une psychose de guerre. La population, atteinte d'un véritable délire nationaliste, semble grisée par la dérisoire facilité avec laquelle les militaires ont annexé un territoire sensiblement plus étendu que l'archipel et occupé par 30 millions de Chinois réputés pour leur ardeur au travail. L'armée, et

1. Le Jehol. (N.d.T.)

derrière elle l'ensemble du pays, sont désormais engagés dans une politique d'expansion continentale; « l'affaire mandchoue » confirme que l'empereur et le gouvernement ont perdu le contrôle de l'armée. Ce que l'on pressentait depuis l'assassinat de Tchang Tso-lin en 1928 devient une évidence; c'est l'armée qui dicte la politique étrangère japonaise par la tactique du « fait accompli » [1]. Face à l'opinion mondiale, le gouvernement civil ne peut que couvrir et défendre à contrecœur une politique dont il n'est plus le maître. Ainsi se dessine une sorte de gouvernement bicéphale dans lequel l'armée se réserve la conduite de la politique étrangère.

On parle toujours de l'armée au singulier, comme s'il s'agissait d'un ensemble homogène et unanime. La réalité est toute différente. L'institution militaire regroupe une grande diversité d'individus et de factions. Aux tenants de la modernisation surtout préoccupés de l'efficacité technique des unités de combat, s'opposent les militaires traditionalistes qui estiment que la « force spirituelle » des soldats de l'empereur constitue le meilleur gage de succès. Ces officiers conservateurs qui formeront ultérieurement la « faction de la Voie impériale » *(kodoha *)* s'apparentent à bien des égards aux maoïstes chinois des années 1960. Leurs objectifs les rapprochent des partisans de la modernisation : comme eux, ils sont favorables à l'expansion continentale et au contrôle de la politique étrangère par l'armée; mais ils emploient des moyens plus radicaux et appuient les entreprises des officiers activistes. L'âge introduit une seconde césure parmi les militaires; une rivalité latente oppose les jeunes officiers aux membres âgés de l'état-major. Cette opposition sourde résulte peut-être d'un mécontentement catégoriel provoqué par la lenteur des promotions. Plus profondément, elle exprime un conflit

1. En français dans le texte.

de générations reflétant l'incompréhension des anciens samouraï à l'égard d'hommes qui ont été formés par un système éducatif fondé sur la spécialisation des tâches et la rigidité doctrinale. Telles sont les racines de ce que les historiens japonais ont appelé le « malaise des officiers ». Les symptômes extérieurs nous sont déjà connus : forts de la protection de la « faction de la Voie impériale », officiers et sous-officiers entreprennent des actions d'une incroyable témérité. Bousculant ouvertement les généraux légalistes ou timorés, ils recourent à la « propagande par le fait »; pratiquant sur le continent « l'action directe », ils espèrent imprimer une orientation irréversible à la politique nippone.

Un petit groupe d'extrémistes composés de très jeunes officiers renoue avec les méthodes terroristes qui avaient été largement employées dans les dernières années de l'ère Tokugawa. La plupart sont des éléments fanatisés qui mettent leur art consommé de l'assassinat politique au service des leaders de l'ultra-nationalisme. Au printemps de 1931, ils montent le « complot de la Restauration Showa » et organisent à l'automne de la même année une seconde conspiration que les autorités militaires désavouent. En février 1932, ils assassinent le ministre des Finances du gouvernement sortant, ainsi qu'un membre haut placé du groupe Mitsui. Le 15 mai, ils massacrent le Premier ministre Inukai (épisode connu au Japon sous le terme *d'incident du 15-5*). Plusieurs autres conspirations sont étouffées dans l'œuf en 1933 et de nouveau en 1934. Officiellement, les autorités militaires se désolidarisent entièrement des théories radicales professées par ces jeunes extrémistes et condamnent publiquement leurs actes. Néanmoins, les généraux entendent bien utiliser ces excès pour faire pression sur le ministère et obtenir un infléchissement de la politique gouvernementale. Quant au grand public, il s'accommode avec une étonnante complaisance de ce climat de violence. Il y voit un signe des temps et une preuve de l'impuissance du pouvoir et des responsables de l'économie à résoudre le malaise de la société. Cette attitude semble propre aux Japonais qui, dans les années récentes, ont accueilli avec la même indulgence les exactions des extrémistes de gauche. Il est peu de pays où l'opinion publique soit plus prompte à excuser les crimes politiques, tantôt au nom de la « pureté d'intention » de leurs auteurs, tantôt en considération du degré de « corruption » de leurs victimes. Dans l'immédiat, les procès offrent aux terroristes une tribune publique et assurent à leurs idées une audience inespérée.

L'armée à l'assaut du pouvoir.

Le recours à l' « action directe » a donc profondément impressionné l'opinion japonaise et pesé d'un grand poids sur l'orientation de la politique étrangère. Les attentats et les actes de terrorisme ouvrent une nouvelle étape de la vie politique japonaise. Inukai, membre du parti *Seiyukai,* devient Premier ministre en décembre 1931 à la suite de l'affaire de Mandchourie. Sa fin tragique marque le dernier acte du régime des partis. Il aura été le plus libéral de tous les présidents du Conseil qui se sont succédé jusqu'à la fin de la Seconde Guerre mondiale. Entré dans la vie politique aux côtés d'Okuma en 1881, il s'était fait le champion du régime parlementaire. Son assassinat convainc le prince Saionji, porte-parole attitré de l'empereur lors de la désignation d'un nouveau Premier ministre, que la sauvegarde de l'unité nationale exige le retour temporaire à la pratique des cabinets extra-parlementaires. Comme la marine paraît moins directement impliquée dans la crise que l'armée de terre, Saionji choisit comme Premier ministre l'amiral Saito qui passe pour avoir été le plus « libéral » des gouverneurs généraux en Corée.

Saito garde dans son cabinet sept hommes politiques, mais l'amiral Okada qui lui succède en 1934 n'en conserve plus que cinq. Okada fait en outre entrer dans son ministère plusieurs démocrates d'esprit révisionniste que leur ambition personnelle porte à collaborer à la politique expansionniste des militaires. Il retire au ministre des Affaires étrangères l'administration de la Mandchourie pour la confier au ministre des Armées. Il place des officiers aux principaux postes clés de l'administration, inaugurant ainsi une politique de noyautage systématique des instances gouvernementales par les militaires.

L'incident du 26 février 1936 — connu en japonais sous le nom d'*incident du 26-2* — marque un nouveau tournant politique. Ce jour-là, un groupe de jeunes officiers extrémistes mobilisent la première division de Tokyo pour éliminer physiquement tous les hommes politiques hostiles à leurs desseins. En quelques heures, ils font massacrer le ministre des Finances, le garde du Sceau privé, deux anciens Premiers ministres — Takahashi et l'amiral Saito —, ainsi qu'un des trois généraux en chef de l'armée. L'amiral Suzuki et le grand chambellan sont grièvement blessés, tandis que Saionji et l'amiral Okada parviennent à s'enfuir. Ce dernier, alors président du Conseil, bénéficie d'une méprise des conjurés qui assassinent par erreur son beau-frère.

Jamais, depuis la révolte du clan Satsuma, l'armée n'avait semblé plus menaçante. Le haut commandement militaire comprend qu'il faut à tout prix briser l'insubordination. Une répression frappe sans pitié les instigateurs du coup d'Etat manqué. La reprise en main de l'armée est conduite par les plus modérés des réformateurs que l'on désigne désormais sous le nom de « faction du contrôle » [1] *(Toseiha *)*. Cette dernière supplante peu à peu la « faction

1. Sous-entendu, contrôle de l'activisme. (N.d.T.)

de la Voie impériale » *(Kodoha*)*. Elle finit par l'évincer complètement après qu'un lieutenant-colonel du *Kodoha* ait assassiné en 1935 un des trois généraux en chef de l'armée tandis qu'il était occupé à travailler dans son bureau. Après l'incident du 26 février, la discipline est rétablie dans l'armée. Les affrontements violents des factions et les cas d'insubordination de jeunes officiers deviennent exceptionnels. Il est vrai que les militaires éprouvent moins le besoin de recourir à l'action directe puisqu'ils se sont assuré le contrôle du gouvernement civil et qu'ils lui dictent la conduite de la politique étrangère.

Après l'incident du 26 février 1936, *(incident du 26-2)* Hirota succède à Okada comme président du Conseil. Ancien ministre des Affaires étrangères de tendance ultra, Hirota ne fait entrer que quatre hommes politiques dans son gouvernement. D'orientation nettement plus réactionnaire que le précédent, son cabinet est dominé par les militaires. La vieille règle de Yamagata qui réservait aux généraux et aux amiraux d'active la direction des ministères militaires est réaffirmée. En fait cette pratique n'avait jamais été abandonnée, bien qu'elle ait été nominalement abolie à la suite de la crise politique de 1913.

En février 1937, Hirota cède la place au général Hayashi qui, le premier, ne s'entoure d'aucun homme politique. C'est dire à quel degré d'impuissance se trouvent réduits les partis politiques. Ceci ne les empêche pas de continuer à gagner les élections. Cinq mois après *l'incident de Mandchourie,* les partis remportent 447 sièges sur 466 à la Chambre basse. Quelques jours avant *l'incident du 26-2* ils s'assurent 379 sièges. En avril de l'année suivante, ils en totalisent encore 354. Un nouveau parti — le parti socialiste modéré *(Shakai Taishuto)* — qui regroupe les hommes de gauche acquis à la politique expansionniste de l'armée, enlève 18 sièges en 1936 et 37 l'année suivante.

Mais en dépit de leurs succès électoraux, de leur majorité écrasante à la Diète et de leurs courageux réquisitoires contre l'armée, les partis ont cessé de présider aux destinées du pays. Par habitude, le corps électoral continue à voter pour eux; mais par inclination, il soutient la politique étrangère préconisée par l'armée et considère les cabinets « d'union nationale » comme une nécessité temporaire liée à la situation de crise. Pour tenter de préserver leur pouvoir chancelant, les partis politiques doivent se résoudre à une série de compromis. Ils utilisent à rebours la tactique qu'ils avaient jadis employée pour accéder au pouvoir. Mais de compromis en compromis, leur influence ne cesse de s'amenuiser.

La puissante bureaucratie civile, divisée en ministères rivaux, cherche aussi à défendre ses prérogatives. Mais elle est incapable de surmonter ses divisions et de se libérer de la tutelle militaire. Certains bureaucrates acquis aux idées nationalistes sont d'ailleurs trop heureux d'offrir leur concours à l'armée. Les quelques grands dignitaires de la cour impériale qui réussissent à échapper à l'emprise de l'armée en se retranchant derrière une conception de l'unité nationale héritée de Meiji, sont les victimes désignées des praticiens de l'assassinat politique. En janvier 1937, Saionji cherche de nouveau à endiguer la montée des militaires en proposant comme Premier ministre un ancien général qui, dans les années 20, avait accepté de collaborer avec les partis politiques. Sa proposition soulève une violente opposition de l'armée. En juin 1937, Saionji appuie la candidature du prince Konoe, un parent de l'empereur, réputé pour son sens du compromis. Konoe forme un cabinet extra-parlementaire et tente de se maintenir au pouvoir en louvoyant entre les écueils. Mais quelques semaines plus tard, le début de la guerre avec la Chine exaspère les passions bellicistes et déchaîne les défenseurs du militarisme. Saionji s'avise alors qu'après sa mort tous les « anciens hommes d'Etat » auront disparu; il cherche à substituer aux *genro* menacés d'extinction, un organisme composé des anciens Premiers ministres, surnommés pour l'occasion « *vétérans* ». Mis en place en juillet 1940, quatre mois avant la mort de Saionji âgé de 91 ans, ce nouveau Conseil procédera désormais à la désignation des Premiers ministres.

Konoe quitte le pouvoir en janvier 1939 et forme un second ministère en juillet 1940. Dans l'intervalle, la présidence du Conseil est confiée successivement à un vieux fonctionnaire ultra-nationaliste, à un général et à un amiral. Mais le Cabinet a perdu l'essentiel de ses attributions. Depuis 1938, la réalité du pouvoir appartient à quelques ministres placés aux postes clés et à divers groupes informels chargés des liaisons entre l'état-major et le Cabinet. Le ministère tend à devenir un simple organe de ratification des décisions arrêtées par les militaires. C'est le général Tojo qui consacrera la suprématie définitive du pouvoir militaire sur le gouvernement civil : en octobre 1941, il cumule les fonctions de chef suprême des armées et de président du Conseil.

La montée du totalitarisme.

L'arrivée au pouvoir des militaires prélude à l'installation d'un régime totalitaire. L'évolution japonaise rappelle à plus d'un titre celles de l'Italie fasciste et de l'Allemagne national-socialiste. L'armée et la marine, traditionnellement réservées à l'égard du capitalisme industriel, considèrent avec sympathie les doctrines nazies. De leur côté, les dirigeants des *zaibatsu* et les responsables de l'économie s'alarment de la politique étrangère aventureuse des militaires et de l'accroissement des dépenses budgétaires qu'elle implique. Mais chaque camp s'efforce d'éviter le sectarisme

ou les positions doctrinales tranchées et continue à rêver
d'un mariage de raison fondé sur une réciprocité d'intérêts.

De fait, l'armée se révèle vite incapable d'assurer le
développement économique des possessions de Mandchourie et doit avoir recours aux hommes d'affaires. On
voir alors apparaître une série de « zaibatsu mandchous ».
L'armée s'intéresse d'ailleurs peu aux implications économiques des théories socialistes. Elle songe surtout aux
possibilités de « mobilisation totale » et à la « défense
de la nation armée ». Or de tels objectifs peuvent être
atteints tout aussi aisément en se servant du système
économique en vigueur qu'en le transformant. Le Japon
ne connaîtra donc aucun mouvement de nationalisation.
Aucun effort véritable ne sera non plus entrepris pour
améliorer le sort des masses paysannes dont la cause avait
pourtant retenu fortement l'attention des militaires.
Lorsque la crise se mue en conflit armé, le gouvernement
se borne à établir un contrôle rigoureux des activités économiques qui ne diffère en rien de ceux institués par les
démocraties occidentales pendant la Seconde Guerre mondiale. Les grands trusts tirent avantage de la politique
d'équipement industriel dans laquelle le pays s'engage pour
soutenir son effort d'expansion.

L'orientation totalitaire du régime se manifeste d'abord
par les restrictions apportées aux libertés individuelles et
à l'expression de la pensée. On se souvient que la « loi
sur la protection de la paix civile » de 1925 [1] punissait
comme un délit le seul fait de proposer un changement de
régime ou de préconiser l'abolition de la propriété privée.
Après 1931, plusieurs lois similaires sont adoptées. Leur
application scrupuleuse est assurée, dans l'archipel, par la
« police spéciale » (également appelée « surveillance de
l'opinion »), et, dans les colonies, par la police militaire.

1. Cf. *supra*, p. 204.

Par centaines, les hommes de gauche, les militants ouvriers, et les étudiants sont jetés en prison et sommés d'abjurer leurs « idées pernicieuses ». Des professeurs sont suspendus pour le contenu de leur enseignement; en 1935, Minobe, dont la « théorie des organes » [1] avait connu une certaine faveur dans les milieux cultivés des années 20, est accusé de lèse-majesté, voit ses écrits frappés d'interdiction et perd à la fois sa chaire universitaire et son siège à la Chambre des pairs. Au « mac-carthysme » avant la lettre que pratiquent les autorités, s'ajoute une chasse aux sorcières menée par des éléments isolés. Des fanatiques de l'ultra-nationalisme recourent à l'intimidation et à la diffamation systématique pour faire taire les opposants pourtant peu portés à s'exprimer dans une société conformiste où la pression sociale continue à peser lourdement sur l'individu.

La propagande est le second signe auquel on reconnaît à coup sûr un régime totalitaire. Le gouvernement y avait eu largement recours pour amorcer le processus de modernisation du pays. Il dispose désormais de méthodes de persuasion susceptibles d'une application systématique; elles pénètrent par le canal de l'école et des mass media. A plusieurs reprises, les manuels scolaires doivent être refondus afin de se rapprocher de l'idéologie officielle. Certes, le totalitarisme japonais n'aura jamais son *Mein Kampf,* bien qu'un effort ait été entrepris dans ce sens. Un guide moral et politique, intitulé *les Principes fondamentaux du Kokutai* * (*Kokutai no hongi*), amalgame à l'usage des écoliers un ensemble hétéroclite de notions étrangement surannées. On y trouve pêle-mêle des récits mythologiques illustrant la supériorité japonaise et la continuité dynastique, l'exaltation de la « volonté impériale », le rappel des vertus confucéennes de loyauté individuelle et de piété filiale, l'évocation du code médiéval de

1. Cf. *supra,* chapitre 9, p. 204.

l'honneur guerrier. D'inspiration résolument antioccidentale, le *Kokutai no hongi* stigmatise l'individualisme
auquel sont imputés tous les vices de l'Occident, depuis
la démocratie jusqu'au communisme. Mais le lecteur n'y
trouve aucune directive utilisable pour une action concrète.

En définitive le *Kokutai no hongi* reflète assez bien les
tendances de l'époque au cours de laquelle il fut rédigé.
Il s'adresse davantage à l'affectivité et au sentiment qu'à
la réflexion et au raisonnement. Les indications pratiques
y occupent une place réduite et sont, dans le meilleur des
cas, d'une extrême imprécision. Les vertus traditionnelles
se trouvent érigées en idéaux intangibles tandis que la
« volonté impériale » devient l'objet d'un véritable culte.
L'ouvrage fait constamment appel à des notions vagues
telles que « l'esprit japonais », ou le *kokutai* *. Il est
émaillé d'aphorismes comme le fameux *hakko ichiu* — « le
monde entier sous un même toit » —, emprunté à l'ancienne philosophie chinoise. Cette proposition énigmatique
pouvait revêtir un double sens : sens bénin si elle désignait
la fraternité du genre humain, sens menaçant si elle évoquait la domination japonaise sur l'ensemble du monde.
L'idéologie du *Kokutai no hongi* se définit peut-être davantage encore par ses refus que par ses affirmations : refus
du capitalisme sauvage, refus de la corruption politique,
refus de l'individualisme, de l'internationalisme et d'un
monde occidental stéréotypé inspirant autant de crainte
que de mépris. Capitalistes et politiciens se trouvent
associés dans une même réprobation : solidaires par
l'égoïsme de leurs mobiles, ils portent la tache d'une
commune contamination par les valeurs occidentales. Dans
la fin des années 30, ce qui vient d'Occident n'inspire que
défiance et suspicion. Lorsqu'un enfant japonais rencontre
un Occidental dans la rue, il le désigne spontanément par
le mot anglais *spy,* c'est-à-dire espion !...

Une telle vision du monde ne tarde pas à affecter les

comportements et les mœurs. Tout ce qui passe pour « non japonais » est mis à l'index. L'appréciation de ce qui n'est pas « japonais » devait à l'usage susciter bien des controverses dont le lecteur français pourrait se faire une idée en cherchant à recenser tous les traits qui lui paraissent spécifiquement « non français »! Les dancings sont jugés sévèrement et présentés comme une institution immorale venue de l'Occident. Personne ne songe cependant à abandonner la technologie militaire occidentale. Le base-ball demeure populaire mais le golf commence à passer pour un sport de luxe trop marqué par ses origines étrangères. On tente, sans succès, de bannir tous les mots anglais de la langue parlée et écrite. Les panneaux de circulation routière et ferroviaire, jusqu'alors bilingues, sont remplacés par des inscriptions rédigées uniquement en japonais. Les étudiants, les syndicats et la presse sont soumis à une étroite surveillance. Les femmes japonaises subissent des influences contradictoires. On les invite à quitter leur foyer pour fournir la main-d'œuvre nécessaire à l'économie de guerre, tout en leur demandant d'être des épouses dociles et des mères dévouées dans la plus pure tradition japonaise!

Trop de symptômes se trouvent réunis pour que le glissement vers le totalitarisme puisse être contesté. Pourtant l'évolution politique japonaise est loin de reproduire celle de l'Allemagne ou de l'Italie. Aucun parti totalitaire de masse n'apparaît dans l'archipel. En 1940, Konoe amalgame un certain nombre d'organisations au sein d'une Association nationale pour le service du trône *(Taisei Yokusankai)*; mais cette institution au titre pompeux fera preuve d'un dynamisme voisin de l'atonie. Tous les partis sont invités à se saborder et à s'affilier à la section politique du nouvel organisme. Malgré cette injonction, les candidats patronnés par l'Association nationale pour le service du trône n'obtiennent que 64 % des voix aux élections d'avril 1942, en pleine guerre; les autres suffrages vont à des candidats individuels ou aux vétérans des anciens partis. La guerre fait réapparaître le vieux système des associations de voisinage *(tonarigumi)* de l'ère Tokugawa. Constituées pour surveiller le rationnement, diffuser les informations et stimuler le zèle des citoyens, les *tonarigumi* se rapprochent à divers égards des organisations de masse des fascismes européens.

L'évocation du passé, l'exhumation de l'ancienne mystique impériale et l'exaltation des vertus de l'ère Tokugawa semblent avoir été les composantes essentielles de l'idéologie des années 30. Il ne pouvait être question pour autant de restaurer l'ancienne société, ni même de rétablir les institutions de l'époque Meiji. Certains croyaient voir réapparaître les puissantes solidarités sociales d'antan; d'autres se réjouissaient du consensus retrouvé grâce auquel toutes les volontés semblaient tendues vers un but unique comme au temps de Meiji. Si les survivants de cette époque s'étaient réincarnés, ils eussent été étonnés par le caractère factice de l'unité imposée à la société japonaise par la dictature militaire. Le corps social était devenu hétérogène et composite. Le pouvoir lui-même était réparti entre la marine et l'armée de terre; ces dernières étaient cotutrices d'un gouvernement civil impuissant qui se donnait encore l'illusion de l'autonomie en feignant d'ignorer les vœux exprimés par l'empereur.

Le Japon militariste avait donc davantage de traits communs avec les Etats totalitaires européens, les totalitarismes de droite en particulier, qu'avec l'ancien Japon. Engagé dans un processus de modernisation désormais irréversible, l'archipel ne pouvait effacer subitement cinquante années de mutations sociales et psychologiques. La généralisation de l'instruction publique et l'habitude du pluralisme excluaient le rétablissement de l'ancienne société fondée sur l'obéissance de sujets dociles et le respect de traditions immuables. On ne pouvait davantage instaurer une autocratie traditionnelle sans heurter les aspirations du peuple. Des citoyens instruits prennent le goût de penser par eux-mêmes et demandent à être associés aux décisions politiques. Il faut alors que le pouvoir établisse un contrôle très strict des actes, des paroles et des écrits. Dans le Japon des années 30, une autocratie de type prémoderne ne semble guère plus concevable qu'en Occident. Le totalitarisme est devenu le seul substitut possible du régime démocratique. Les techniques nouvelles facilitent d'ailleurs le passage de l'autocratie traditionnelle au totalitarisme moderne; l'éducation de masse, les moyens de communication sociale, la rénovation de la police et des forces armées, la centralisation des instruments de surveillance économique et politique sont assurément les auxiliaires privilégiés de tout pouvoir totalitaire.

L'expérience japonaise diffère cependant de celles de l'Allemagne et de l'Italie. Les Japonais, encore mal dégagés de leur passé féodal, ont sans doute opposé moins de résistance que les Européens à la montée du totalitarisme. Les groupes hostiles à la dictature militaire n'ont pu, faute d'assises idéologiques et de traditions d'organisation, enrayer la débâcle des forces démocratiques. Cependant, le changement de régime s'opère sans secousse révolutionnaire, sans rupture brutale avec le passé et sans purges massives. L'acheminement vers le totalitarisme se fait de manière très progressive. Il résulte d'une suite ininterrompue de mesures éparses dont aucune ne suffit à constituer un tournant décisif. Rétrospectivement, le totalitarisme japonais semble avoir été moins rigoureux que les fascismes européens. Il laisse l'impression d'une expérience inachevée qui n'a pas développé toutes les virtualités dont elle était porteuse. Le plus surprenant est que ces changements se soient opérés à l'intérieur du cadre tracé par la Constitution de 1889; cette persistance d'une façade institutionnelle immuable explique sans doute que

certains rêves des oligarques de l'ère Meiji et certaines
pratiques parlementaires aient survécu à l'éviction des
libéraux.

La Constitution formait certes un cadre de référence
souple, susceptible de se prêter à toutes les évolutions.
Le seul fait qu'elle ait couvert tour à tour un système parlementaire de type britannique et une dictature militaire
d'inspiration totalitaire, est suffisamment révélateur. Ce
que l'on considérait comme une vertu dans les années 20,
devint dans les années 30, un vice rédhibitoire. Comme
la « prérogative impériale » avait perdu toute réalité,
le fonctionnement des institutions parut un moment
reposer sur l'improvisation. Au vrai, personne n'avait
jamais su à qui revenait le soin de désigner le Premier
ministre et les fonctionnaires d'autorité appelés à
représenter l'empereur. Cette incertitude était sans incon-
vénient tant qu'un groupe d'oligarques se chargeaient
de pourvoir les portefeuilles et de prendre toutes les
décisions politiques. Mais la disparition de ces « inter-
médiaires agréés » créa un certain malaise. Depuis les
années 20, on reconnaissait bien à la majorité parlementaire le droit d'intervenir dans le choix des ministres,
mais ce principe restait plus théorique qu'effectif. L'accès
à certaines fonctions gouvernementales échappait au
contrôle du Parlement. La politique japonaise semblait
régie par un mouvement de balancier permettant à chacun
des groupes dirigeants d'imposer alternativement ses
propres candidats : l'aristocratie de cour, la bureaucratie,
la classe militaire et les milieux d'affaires passaient pour
avoir une égale vocation à diriger le pays. On entretenait
la fiction que chacun de ces groupes ne faisait qu'exprimer
la « volonté impériale ». Rien n'empêchait dès lors la
classe militaire d'affirmer qu'elle représentait mieux la
« volonté impériale » que les politiciens égarés par la
poursuite de leurs propres intérêts. Il suffisait donc d'un

changement mineur dans l'équilibre des forces pour permettre aux militaires de s'emparer définitivement de l'appareil de l'Etat et d'altérer profondément la physionomie de la vie politique japonaise.

La seconde guerre sino-japonaise.

La politique étrangère défendue par l'armée s'inspirait de principes contradictoires. Les militaires entretenaient le chauvinisme tout en se persuadant que les soldats nippons seraient partout accueillis en libérateurs de l'oppression occidentale. Ils s'imaginaient que les pays asiatiques seraient tout disposés à accepter un statut d'esclaves dociles à l'intérieur du futur Empire de « Grande Asie ». En réalité, le sentiment national s'éveillait partout dans le monde asiatique et il devenait particulièrement vif en Chine. Par ailleurs, les méthodes de colonisation utilisées par les Japonais en Corée et en Mandchourie n'étaient guère plus séduisantes que celles des nations de race blanche. Chaque extension de l'Empire colonial nippon entraînait un durcissement de la volonté de résistance chinoise. Peut-être l'impérialisme japonais était-il apparu trop tard dans l'histoire du monde; venant après les mouvements de colonisation du XIXe siècle, l'entreprise de domination de l'Asie du Sud-Est était condamnée à ne remporter aucun succès durable. Les dirigeants politiques et les hommes d'affaires des années 20 avaient perçu toutes les dimensions du renouveau nationaliste chinois. Les chefs militaires n'étaient pas moins conscients de cette évolution; mais ils ne songeaient qu'à s'en irriter au lieu de chercher à étendre le plus possible les frontières de leur Empire tant que la situation s'y prêtait encore. En 1931, l'armée avait engagé le pays dans une politique de conquête riche de promesses. Désormais, le temps lui était compté.

La Seconde Guerre mondiale, qui fut en réalité le premier conflit à mériter pleinement le qualificatif de mondial, a commencé en Chine en 1937. Dans la nuit du 7 juillet 1937, un combat fortuit s'engage entre des soldats chinois et des troupes japonaises, en manœuvres près de Pékin. A la différence des incidents précédents, il ne s'agit pas cette fois d'un épisode prémédité. Le commandement militaire japonais en Chine du Nord s'efforce de circonscrire l'affaire sur le plan local. Mais le gouvernement chinois auquel le récent sursaut nationaliste donne une assurance inconnue en 1931, demande au Japon un règlement global du contentieux entre les deux pays. Tokyo se déclare prêt à envisager une solution négociée. Pendant que l'on recherche un terrain d'entente, des avions chinois entreprennent, le 14 août, de bombarder des navires de guerre japonais mouillant à Changhaï. C'est la ville qui est atteinte. Aussitôt commence autour de Changhaï une bataille terrestre d'envergure tandis que les combats s'étendent dans toute la Chine du Nord.

Devant la résistance chinoise, le gouvernement japonais décide d'infliger à l'adversaire une défaite décisive. Tout en continuant à qualifier pudiquement le conflit « d'incident chinois », il procède à une mobilisation quasi générale. Depuis ses bases de Chine du Nord, l'armée nippone envahit le sud et l'ouest du pays. Après de durs affrontements, les divisions d'élite de l'armée de Tchang Kaï-chek subissent une défaite dans la région de Changhaï. A partir du mois de décembre, les troupes d'invasion s'enfoncent en direction de Nankin, la capitale; les soldats nippons mettront la ville en coupe réglée en se livrant à des actes de pillage et de débauche. Les Chinois continuent le combat et empêchent les Japonais de leur porter le coup décisif. A l'automne de 1938, Han-kéou, au centre du pays, et Canton, sur la côte méridionale, succombent, tandis que la plus grande partie de la Mongolie intérieure et de la Chine du Nord sont envahies par les troupes nippones.

Ces dernières s'assurent bientôt le contrôle de toutes les grandes villes, des principaux ports, des voies ferrées et de l'ensemble des régions productives et fortement peuplées du monde chinois. Le gouvernement nationaliste chinois, replié dans sa capitale provisoire de Tchoung-king à l'abri des forteresses montagneuses de la Chine occidentale, poursuit la lutte. Dans le Nord-Ouest, la guérilla fait rage autour de la ville communiste de Yenan.

Les Japonais installent un Etat satellite en Chine du Nord. En mars 1940, ils persuadent Wang Chin-wei, un des principaux leaders nationalistes chinois, d'établir à Nankin un gouvernement tout dévoué à l'archipel. Les masses chinoises, qui se sont soumises à contrecœur, participent à la résistance armée. La guerre semble ne devoir jamais prendre fin. Le nationalisme chinois recourt à une forme de résistance insidieuse que la puissante machine de guerre japonaise ne parvient pas à réduire. Le Japon sera le premier pays moderne à avoir été confronté aux techniques de guérilla d'un pays moins développé et à s'être enlisé dans la lutte contre le nationalisme asiatique. Les menaces de guerre qui planent bientôt sur le reste du monde apportent une lueur d'espoir à la Chine et assombrissent par contrecoup les perspectives japonaises. Pour la marine nippone, le grand ennemi potentiel de l'archipel a toujours été les Etats-Unis. Pour l'armée de terre, c'est l'Union soviétique. Ainsi s'explique l'entrée du Japon en novembre 1936 dans le pacte anti-Komintern aux côtés de l'Allemagne nazie et bientôt de l'Italie. Pendant l'été 1938, une importante bataille de douze jours est livrée aux Soviétiques sur la frontière orientale du Mandchoukouo; au cours du printemps et de l'été suivants, une nouvelle guerre de cinq mois se déroule sur les frontières occidentales. Ces deux engagements qui se soldent par des échecs japonais démontrent l'insuffisante mécanisation des armées nippones.

Le déclenchement de la guerre en Europe au cours de l'été 1939, constitue dans l'immédiat un puissant stimulant pour le Japon. En effet, les opérations militaires en Occident détournent l'attention mondiale de l'Asie orientale; déjà pendant le premier conflit mondial, les Japonais avaient tiré le plus grand profit économique et militaire de ce dérivatif. En septembre 1940, l'effondrement de la France leur permet d'étendre leur emprise sur le nord de l'Indochine, l'actuel Nord-Vietnam d'où ils organisent le blocus de tout le trafic ferroviaire à destination de la Chine du Sud-Ouest. Simultanément, Tokyo signe une alliance tripartite avec l'Allemagne et l'Italie. En juillet 1941, les Japonais établissent leur contrôle sur l'ensemble de la péninsule indochinoise afin de pouvoir utiliser les ports du Sud comme bases navales en cas d'extension ultérieure du conflit. En novembre 1938, le gouvernement nippon avait lancé l'idée d'un « ordre nouveau en Asie orientale » qui devait englober le Japon, la Chine et le Mandchoukouo; on s'aperçoit vite que ce projet abrite en réalité un rêve d'hégémonie japonaise sur l'ensemble de l'Asie orientale. Les dirigeants nippons forgent alors une nouvelle expression : la « sphère de coprospérité de l'Est asiatique ». Avec la création du « ministère de la Grande Asie orientale » en 1943, le rêve d'hégémonie semble devenir réalité.

La guerre en Europe apporte cependant quelques déconvenues aux Japonais. Elle révèle à l'opinion américaine la gravité de la situation internationale. Les Etats-Unis répugnent à laisser se construire sous leurs yeux un monde dans lequel l'Allemagne disposerait du sort de l'Europe occidentale et le Japon de celui de l'Asie orientale. Washington s'était toujours borné à protester verbalement contre les agressions nippones et avait refusé de reconnaître les annexions opérées sur le continent. L'heure semblait venue d'adopter des mesures plus positives et de se doter d'une puissance militaire appropriée à la situation nouvelle. En juillet 1939, à la veille du déclenchement de la guerre européenne, le gouvernement américain dénonce le traité commercial qu'il avait signé avec le Japon. Cette décision unilatérale doit lui permettre d'avoir les mains libres pour prendre ultérieurement des mesures de rétorsion économique. A partir de juillet 1940, les exportations de ferraille et de produits pétroliers à destination du Japon sont soumises à une politique d'autorisation préalable afin de paralyser progressivement la machine de guerre japonaise. Lorsqu'en juillet 1941 le Japon s'empare de l'Indochine méridionale, les gouvernements américain, britannique et hollandais décident de mettre l'embargo total sur les livraisons de produits pétroliers.

Le Japon se trouve dès lors enfermé dans un délicat dilemme. Son armée et sa marine dépendent étroitement des importations de produits pétroliers et ne disposent que de deux années de réserves. Une victoire sur la Chine doit donc intervenir sans délai si l'on veut éviter à terme une pénurie de munitions. Il importe d'agir rapidement et de porter un coup décisif.

Faute d'un succès immédiat sur la Chine, deux solutions semblent s'offrir au Japon. La première consiste à mettre un terme à la guerre contre les Chinois. C'est là une option qui suppose de larges concessions et le retrait des troupes conformément aux vœux américains. Elle a la faveur des milieux d'affaires dans la mesure où elle offre à l'archipel la possibilité de s'implanter sur des marchés désorganisés par la guerre en Europe. Les dirigeants économiques se souviennent des résultats fulgurants qu'une semblable tactique avait donnés au cours de la première guerre mondiale. En mettant à profit l'interruption temporaire des livraisons européennes et les menaces de destruction, le Japon a la quasi-certitude de pouvoir établir sa domination économique, tout en évitant les frais d'une conquête

militaire. Mais il lui faut au préalable liquider son contentieux avec la Chine.

Pourtant, les intérêts économiques ne l'emporteront pas.
Tout retrait de troupes équivaut pour les militaires à perdre
la face. L'opinion japonaise risque en outre d'interpréter
un tel revirement comme un désaveu du programme antérieur de sécurité économique fondé sur les conquêtes
armées. Le gouvernement ne peut, quant à lui, abandonner
les possessions coloniales sans perdre une partie de ses
plus fidèles soutiens; il redoute qu'une démobilisation sou-
daine et massive ne le place dans une situation délicate.
Enfin, l'orgueil national risque de ressentir une vive humiliation, si le pays donne l'impression de céder volontairement aux injonctions américaines. On sait en effet que les
Etats-Unis ont toujours demandé, non sans irréalisme, que
le règlement des affaires d'Asie orientale ait pour
préalable la renonciation aux territoires annexés par le
Japon depuis 1931. Une telle exigence qui imposait à
l'archipel de se soumettre avant même de connaître les
termes du règlement envisagé, ne pouvait être acceptée par
une opinion publique gagnée aux idées nationalistes.

La deuxième solution consiste pour le Japon à progresser
en direction du Sud et à forcer l'étau constitué par le blocus
économique des Occidentaux. Il s'agit de s'emparer directement des ressources du Sud-Est asiatique, notamment des
zones d'approvisionnement pétrolières des Indes néerlandaises (l'actuelle Indonésie) et de réaliser sans tarder la
« sphère de coprospérité de l'Est asiatique » annoncée à
grand fracas. Le gouvernement de Tokyo, désireux d'avoir
les coudées franches, signe en avril 1941, un traité de non-
agression avec l'Union soviétique. Peu après, les Japonais
se trouvent placés dans une situation inconfortable lorsque
leurs alliés allemands, liés à l'Union soviétique par un
accord semblable au leur, envahissent la Russie en juin
1941. Les premiers succès nazis réduisent sensiblement

l'importance de l'Union soviétique dans l'équilibre des forces.

Si le Japon opte pour cette politique d'expansion en direction du Sud-Est asiatique, la guerre avec la Grande-Bretagne, les Pays-Bas et les Etats-Unis devient inéluctable. Les deux premiers pays qui ne disposent que de forces modestes en Asie et ont déjà beaucoup à faire en Europe avec leur propre défense, n'inquiètent guère Tokyo. En revanche, les Etats-Unis représentent une puissance économique redoutable. Tant que l'Allemagne n'aura pas subi d'échecs, on peut estimer que les Etats-Unis n'oseront pas concentrer leurs forces dans le Pacifique. L'Allemagne constitue bien la première ligne de défense du Japon. Sa victoire laisserait l'archipel sain et sauf. Même si l'Allemagne doit finalement perdre la guerre, elle aura au moins servi d'arrière-garde au Japon; elle aura en effet contribué à épuiser l'ennemi commun et aura donné à l'archipel le temps de réduire la Chine et d'édifier un Empire colonial rendu invulnérable par ses énormes ressources naturelles, par ses millions de travailleurs qualifiés, et par le rempart protecteur de l'océan Pacifique et de l'océan Indien.

Au milieu de l'année 1941, le Japon se trouve ainsi confronté à une redoutable alternative dont dépend son destin. Après les coups de poker de 1931 et 1937, il lui faut faire face à une situation inédite qui ne comporte que deux issues également aléatoires : ou bien se retirer sans gloire en perdant toutes ses acquisitions antérieures ou bien jouer son va-tout sans aucune certitude de l'emporter définitivement. Konoe et quelques autres civils tentent désespérément d'obtenir un compromis de Washington. Mais ils se heurtent à l'inébranlable attitude moralisatrice des Américains. L'empereur désavoue publiquement la politique belliqueuse. Pourtant, au cours de l'été et de l'automne 1941, les militaires estiment avoir de bonnes chances de succès et voient déjà les fruits de la victoire se profiler à l'horizon, sous la forme d'un Empire plus peuplé et plus riche qu'aucun de ceux que la terre ait jamais portés. Rétrospectivement, on s'aperçoit que l'erreur d'appréciation commise par l'état-major nippon, a moins porté sur les éléments stratégiques, géographiques ou économiques que sur le facteur humain. Se reposant trop volontiers sur leur propre supériorité morale et sur les vertus de l' « esprit japonais », les militaires se sont laissé abuser par la prétendue dégénérescence des démocraties occidentales. Ils ont cru sincèrement au pacifisme foncier de l'Europe et ont pensé n'avoir rien à craindre d'une Amérique corrompue par l'excès de luxe. Persuadés que les Américains ne s'engageraient pas dans une guerre longue, ils ont estimé que quelques succès initiaux suffiraient à leur assurer la maîtrise du Pacifique.

De Pearl Harbor à Hiroshima.

Revenant à la stratégie utilisée contre la Russie en 1904, les Japonais entrent dans la guerre par une foudroyante attaque surprise contre Pearl Harbor, aux îles Hawaï. A l'aube du dimanche 7 décembre 1941, ils anéantissent en un instant la flotte américaine du Pacifique qui représente alors une fraction importante des forces navales des Etats-Unis. Les porte-avions, qui apparaîtront comme un atout décisif pour la poursuite de la guerre, ne sont pas touchés. Dans l'immédiat, l'attaque de Pearl Harbor lève tous les obstacles qui s'opposaient encore à une conquête éclair de l'Asie du Sud-Est et des îles du nord de l'Australie. Mais cet immense succès militaire se révèle aussi une grave erreur psychologique. L'épisode de Pearl Harbor a pour effet instantané de cimenter l'unité du peuple américain qui s'était montré jusqu'alors extrêmement divisé au sujet de l'intervention dans la guerre. Dorénavant, l'expectative n'est plus de mise : l'Amérique prend les armes avec la ferme détermination d'écraser à la fois le Japon et l'Allemagne.

Dès les premiers jours de la guerre, l'aviation nippone coule au large de la Malaisie deux des principaux vaisseaux de la flotte britannique. Le 15 février, les Japonais prennent Singapour à revers : c'est le premier grand bastion de l'Empire britannique à passer sous domination asiatique. A partir de mars 1942, la plus grande partie des Indes néerlandaises se trouve sous contrôle japonais. Au mois de mai, les Philippines succombent à leur tour en dépit de l'appui des soldats américains. Forts de ces premiers succès, les Japonais conquièrent la Birmanie. Entretemps la Thaïlande, dernière nation indépendante de cette partie du monde, avait accordé au Japon sa neutralité bienveillante.

Pendant ce temps, les Etats-Unis s'emploient à reconstituer leur potentiel militaire. Pour tenter d'enrayer la progression des troupes nippones, ils envoient dans le Pacifique les quelques forces navales qui ont échappé à la destruction. En mai, des unités américaines et australiennes basées dans la mer de Corail, au nord-est de l'Australie, livrent un combat indécis à la marine japonaise. Le mois suivant, une escadre américaine, assistée par un excellent service de renseignements, inflige une sévère défaite à la flotte japonaise qui se préparait à s'emparer de Midway, à l'ouest des îles Hawaï. En septembre, les Japonais qui traversent les jungles de la Nouvelle-Guinée pour atteindre la côte méridionale, voient leur progression arrêtée par une farouche bataille qui se prolongera jusqu'en février; finalement, ils sont contraints par les Américains de se replier sur Guadalcanal au nord-est de l'Australie. Les conquêtes japonaises atteignent ainsi leur extension maximale dès la première année de la guerre. Mais un long délai va encore s'écouler avant que les Américains puissent

opérer une percée à l'intérieur du vaste Empire dont l'archipel vient de se doter.

Lors de l'entrée en guerre des Etats-Unis, le Japon utilise déjà l'intégralité de son potentiel économique. Quatre
années de guerre avec la Chine l'ont contraint à mobiliser
toutes ses ressources de main-d'œuvre. De nombreuses
troupes d'occupation sont en outre nécessaires pour admi-
nistrer les pays conquis. Les Etats-Unis disposent quant à
eux d'une population double et d'une puissance économique décuple de celle du Japon; ils sont assurés d'emblée
d'une supériorité matérielle écrasante. Dans les premiers
temps, l' « esprit japonais » supplée au manque de moyens.
Les soldats nippons se défendent avec un acharnement
impressionnant et ne reculent jamais devant la mort. Mais
ils sont peu à peu surclassés par les chars, les navires et
les avions américains. Les sous-marins et les avions, en
déversant des mines sur les ports stratégiques, effectuent
un lent travail de sape et désorganisent la flotte nippone.
Vers la fin de 1944, la plupart des garnisons japonaises
ont été isolées les unes des autres et sont devenues très
vulnérables aux raids américains. Par ailleurs, les destructions provoquent un effondrement de la capacité globale
de fret des Japonais: il en résulte une crise des approvi-
sionnements en matières premières. Cette dernière oblige
l'industrie nippone, qui travaille depuis plusieurs années à
pleine capacité, à réduire sa production.

L'effort américain se porte dans deux directions principales. La flotte entreprend à partir de novembre 1943, une
progression à saute-mouton à travers les îles du Pacifique.
Après avoir essuyé de lourdes pertes sur l'atoll de Tarawa,
dans les îles Marshall du Pacifique central, elle atteint, en
juin 1944 l'île stratégique de Saipan dans le Pacifique occidental. Depuis cette base, les avions américains pilonnent
systématiquement les villes japonaises au cours de raids
aériens répétés. La destruction des zones urbanisées

entraîne un exode massif des travailleurs qui paralyse un peu plus la production japonaise. Les bombardements aériens culminent lors de deux grandes attaques organisées au printemps de 1945 contre Tokyo. Elles coûtent l'une et l'autre plus de 100 000 vies humaines et détruisent une importante fraction de la capitale. La plupart des grandes métropoles japonaises subissent un sort analogue. Seule Kyoto et quelques villes d'importance secondaire échappent aux destructions. En février-mars 1945, les Américains s'emparent de l'îlot d'Iwo Jima au nord de Saipan qui servira de refuge aux bombardiers atteints lors des raids contre l'archipel.

Pendant que se poursuivent les bombardements aériens, l'armée américaine progresse vers l'ouest sous le commandement du général MacArthur. Des escadres longent les côtes septentrionales de la Nouvelle-Guinée, contournent les îles voisines et effectuent un débarquement sur l'île de Leyte aux Philippines en octobre 1944. Les vestiges de la flotte japonaise font une tentative désespérée pour briser l'étau américain. Mais en février 1945, Manille est reconquise à l'issue d'une longue et difficile campagne. A partir de ce moment, les deux axes de l'offensive américaine commencent à se rejoindre. La convergence sera réalisée, en avril 1945, avec le regroupement des forces américaines à Okinawa. Pressentant l'invasion prochaine de leur archipel, les Japonais se défendent avec l'acharnement du désespoir; ils n'hésitent pas à jeter leurs derniers avions sur les navires américains au cours de spectaculaires et efficaces attaques-suicides. Par analogie avec les typhons qui avaient sauvé le Japon de l'invasion mongole de 1281, les Japonais surnomment *kamikaze* * les pilotes de ces avions-suicides. Mais la supériorité militaire des Américains finit par avoir raison de l'héroïsme japonais. L'île d'Okinawa est entièrement envahie au mois de juin 1945 au prix de terribles pertes en vies humaines. L'opération coûte aux Japo-

Le Japon de la Seconde Guerre mondiale

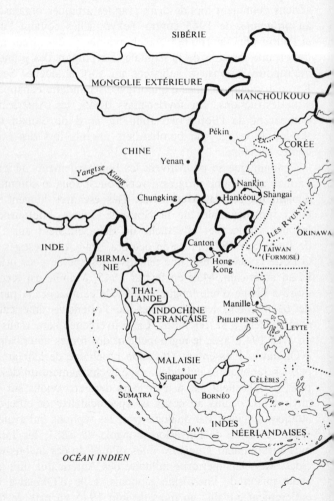

Le Japon de la Seconde Guerre mondiale

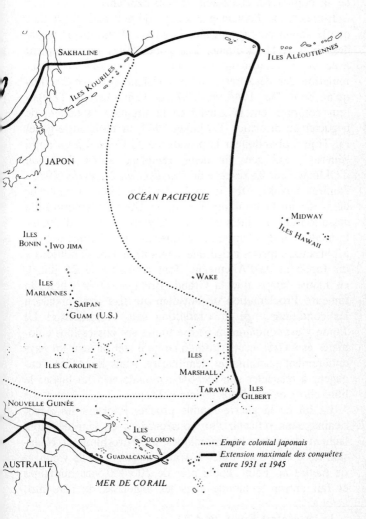

SAKHALINE

ILES ALÉOUTIENNES

ILES KOURILES

JAPON

OCÉAN PACIFIQUE

MIDWAY
ILES HAWAII

ILES
BONIN · IWO JIMA

ILES
MARIANNES
SAIPAN
GUAM (U.S.)

WAKE

ILES CAROLINE

ILES
MARSHALL
TARAWA
ILES
GILBERT

NOUVELLE GUINÉE

ILES
SOLOMON

AUSTRALIE

GUADALCANAL

MER DE CORAIL

········ Empire colonial japonais
▬▬▬ Extension maximale des conquêtes
entre 1931 et 1945

nais 110 000 soldats et ampute Okinawa d'un huitième de sa population civile soit 75 000 habitants.

Entre-temps, l'Allemagne a capitulé le 8 mai. Il est clair que le Japon ne gagnera plus la guerre. Pourtant, le moral des civils reste inentamé. Les populations, qui acceptent avec un extraordinaire stoïcisme les privations et l'accumulation des désastres, semblent résignées à se battre jusqu'au bout. Dès 1944, des civils de l'entourage de l'empereur comprennent la gravité de la situation et tentent de négocier un armistice. En juillet 1944, ils obligent le général Tojo à abandonner la présidence du Conseil à un autre général [1], qui sera lui-même remplacé après l'invasion d'Okinawa par un rescapé de *l'incident du 26 février 1936* : l'amiral Suzuki. Dès le mois de juin 1944, l'empereur demande au Conseil suprême de la Guerre d'envisager la cessation des hostilités et charge le gouvernement d'obtenir la médiation de l'Union soviétique. Les Etats-Unis, qui ont à plusieurs reprises exigé une « reddition sans conditions » du Japon et de l'Allemagne, font connaître le 26 juillet, en même temps que la Grande-Bretagne et la Chine, la fameuse Proclamation de Potsdam qui fixe avec précision les conditions... de la « reddition sans conditions »! Le Japon y est condamné à perdre toutes ses possessions coloniales et à être occupé jusqu'à ce qu'il soit devenu un pays entièrement pacifique et démilitarisé. Mais les Alliés s'engagent à respecter son identité nationale et à lui laisser le libre choix de son futur régime politique.

La fin de la guerre semble proche. Pourtant les Américains, sans réfléchir aux conséquences de leur décision, lâchent deux bombes atomiques sur Hiroshima et Nagasaki les 6 et 9 août 1945. L'arme nucléaire, qu'ils viennent de mettre au point, coûte près de 200 000 vies humaines et fait entrer le monde dans les angoisses de l'ère ato-

---

1. Le général Koiso. (N.d.T.)

mique. Si l'utilisation de la première bombe atomique sur Hiroshima permet de forcer la reddition des dirigeants japonais, jusque-là inexorables dans leur résistance, la décision de lâcher une seconde bombe ne s'appuie sur aucune justification tactique. Pendant ce dramatique épisode, l'Union soviétique envahit la Mandchourie le 8 août et constate que l'armée japonaise du Kantoung a perdu l'efficacité qui faisait son renom. Staline avait en effet promis à ses partenaires de la Conférence de Yalta (février 1945) que son pays entrerait en guerre contre le Japon dans les trois mois suivant la défaite allemande. Après Hiroshima, l'Union soviétique sent qu'elle doit intervenir promptement si elle veut recueillir une part des possessions japonaises une fois la paix revenue.

Quant aux dirigeants japonais, ils restent, après tant de désastres, indéfectiblement attachés à la souveraineté impériale. Le 10 août, ils acceptent les termes de la Proclamation de Potsdam, mais seulement à la condition qu'aucun préjudice ne soit porté au statut de l'empereur. A cette dernière exigence, le gouvernement américain fait une réponse ambiguë à propos de laquelle le Conseil suprême se divise par trois voix contre trois. L'empereur, pour la première fois depuis la chute de l'ancien régime, sort alors de sa réserve et ordonne l'acceptation des conditions des Alliés. Le 14 août, il annonce lui-même à la radio la capitulation de son peuple. Pour s'assurer que les militaires respecteront l'arrêt des combats, il confie la présidence du Conseil à un prince impérial. Le 2 septembre 1945, MacArthur reçoit la capitulation officielle des autorités japonaises, sur le cuirassé *Missouri,* ancré en rade de Tokyo.

Table

Illustrations

IMPRESSION : MAURY-EUROLIVRES S.A. À MANCHECOURT (3-97)
DÉPÔT LÉGAL : 2ᵉ TRIMESTRE 1973 – Nᵒ 3189-7 (97/2/57390)

Collection Points

DERNIERS TITRES PARUS

SÉRIE HISTOIRE